逻辑说服力

牛广海　编著

图书在版编目（CIP）数据

逻辑说服力 / 牛广海编著. -- 长春 : 吉林文史出版社，2019.9（2023.9重印）

ISBN 978-7-5472-6469-0

Ⅰ. ①逻… Ⅱ. ①牛… Ⅲ. ①说服－语言艺术－通俗读物 Ⅳ. ①H019-49

中国版本图书馆CIP数据核字(2019)第153380号

逻辑说服力

LUOJI SHUOFULI

编　　著　牛广海
责任编辑　魏姚童
封面设计　韩立强
出版发行　吉林文史出版社有限责任公司
地　　址　长春市净月区福祉大路5788号
网　　址　www.jlws.com.cn
印　　刷　天津海德伟业印务有限公司
版　　次　2019年9月第1版　2023年9月第3次印刷
开　　本　880mm×1230mm　1/32
字　　数　145千
印　　张　6
书　　号　ISBN 978-7-5472-6469-0
定　　价　32.00元

前 言

欠缺逻辑的语言，就像缺少绳子的项链，再璀璨夺目也没有多大价值。

我们经常见到这样的人，或者我们本身就是如此：书读了很多，脑子也活，但一开口就让人觉得云里雾里。为什么？说话没逻辑、没条理，跳跃性很大，说的人眉飞色舞，听的人莫名其妙。

说服固然需要话术，尤其需要表现出建立在良好经验、资历、学识等背景上的语言修养，甚至还需要权威、名气的衬托。但是，让人面服，让人口服与让人心服是三码事。真正的说服，90%以上靠的是逻辑！

在1980年的美国大选中，罗纳德·里根仅凭一句“你比4年前过得更好吗”，就击败了企图连任的竞争对手前总统卡特。很普通的一句话，但是在当时的语境下，却表现出了一种超强的说服力。当时，大部分美国民众对生活的感知，或者认识逻辑是：我没有4年前过得好。过去的4年，美苏针锋相对，核问题威胁全球安全，且严重的通货膨胀和高失业率使得人心惶惶。现在要换总统才能解决这些问题，换谁呢？当然是谁提出来这个问题，谁就有可能解决，这个人当然是里根了。看，这就是逻辑的力量！

不管是政治演讲，还是团队管理，抑或是商务洽谈，说服的力量一定源于逻辑。缺少逻辑，话就不成体系，就没有了力量，观点也没有支撑。所以，高手往往不乱说话，即使说一些废话、瞎话，也多半是经过大脑、带着逻辑，这才是让人觉得可怕的地方。

目 录

第一章 说服有逻辑，没有摆不平的人

第二章 要搞定他，先搞清楚他的逻辑

第三章　洞察对方心思，于细微处开始说服

第四章　学会得体表达，一句话让人点头

第五章　有逻辑地提问，让对方自我说服

第六章 有策略地攻心，让说服更有力量

第七章 有技巧地说“不”让人更服气

第八章 说服不同的人，要用不同的逻辑

第一章　说服有逻辑，没有摆不平的人

不论处于什么场合，说服力都是必备的技能。包括演说、报告、推销、谈合约、提案、交办事项等。尤其在职场上，说服力几乎与优秀的工作能力画上等号。一个人只要拥有了强大的说服力，他就可以神不知鬼不觉地把别人口中的“不”变成“是”，把自己的意愿悄悄植入对方的心田，从而达到自己预期的目的。

逻辑究竟是个什么玩意儿

逻辑，是一个经常被我们挂在口头上的词。那逻辑到底是什么？

狭义上逻辑既指思维的规律，也指研究思维规律的学科即逻辑学。广义上逻辑泛指规律，包括思维规律和客观规律。逻辑包括形式逻辑与辩证逻辑，形式逻辑包括归纳逻辑与演绎逻辑。

或许我们还是不明白这个听上去有点抽象的概念。这也就不难理解，我们在日常生活中经常遇到的一些尴尬了。如，你和别人讲了一大堆，内容很丰富，但最后发现对方听不懂你在讲什么，一脸的茫然，或者对方跟你说了很多话，你也抓不住对方的重点，不知怎么回应。为什么？逻辑出了问题。

在《金字塔原理》这本书当中，有这样一个案例：

A对B说："上个星期，我去了趟苏黎世。你知道，苏黎世是一个比较保守的城市。我们到一家露天餐馆吃饭，你知道吗？在15分钟的时间里，我至少见到了15个留长胡子的人。而且，如果你在纽约的任何一座写字楼周围转一转，你就会发现几乎没有不留长胡子或长头发的人。同样，在伦敦，留长胡子在多年以前就已经是伦敦街头的一景了。"

读完这则故事，你能感觉到什么吗？

你不妨问自己一个问题：A究竟想表达什么？如果从他的描述中，你找不到准确答案，或者说，你只能主观猜测他要表达什么，那他的这种表达对你来说肯定是有问题的，同时，对他来说，表达也是失败的。

为什么?

因为逻辑混乱！如果 B 的理解能力没有问题，却不知道 A 要表达什么，一定是表达出了问题。如果 A 换一种表达方式呢？他这样说：

“你知道吗？我简直难以相信，男人留长胡子或长头发已经这样普遍，这样被广泛接受了，上个星期我去了趟苏黎世。你知道，苏黎世是一个比较保守的城市，我们到一家露天餐馆吃饭，你知道吗？在 15 分钟时间里，我至少见到了 15 个留长胡子的人。在纽约的任何一座写字楼周围转一转，你就会发现几乎没有不留长胡子或长头发的人。在伦敦，留长胡子在多年以前就已经是伦敦街头的一景了。”

这样 B 就明白了，A 是想表达“男人留长胡子或者长头发这么普遍，这么被广泛接受”这样一层意思。后面表达的苏黎世、纽约、伦敦只是想证明他的观点。A 的逻辑是：先告诉 B 他想表达的观点，再用事实证明他的观点。如果你还听不懂 A 在表达什么，你就有必要训练你的倾听能力和理解能力了。

由此可见，逻辑，可以通俗易懂地理解为“顺序”和“规律”，先什么后什么，就是一种顺序和规律，比如汇报工作，先结果后过程，这就是一种逻辑。所以你的演讲表达要有一定的顺序和规律，否则，别人不知道你到底要表达什么。

有人的地方，就有说服

人是社会性动物，这就自然而然产生了交流的问题。交流可以用语言，也可以用肢体等非语言手段。但不管怎样交流，要想顺畅达成意愿，就不得不去“说服”。

小时候，我们看到好吃的糖果，好玩的玩具，就想让大人买给我们。可那时，我们还不能用语言完整地表达意愿，怎么办呢？于是，我们就看着或指着想要的东西拉着父母的衣角不走。再不行，可以号啕大哭；哭要是还不管用，就拿小拳头打老爸粗壮的腿，或者一个劲地把头往妈妈的怀里钻。招数用尽，终于得手，这才捧着心爱的东西破涕为笑。

在这个例子中，不管是看、是哭、是打、还是撒娇，其实都是在“说服”——说服父母满足我们小小的心愿。不仅是买玩具，即使是日常生活中的其他琐碎小事，你也必须学会说服。

现在找个好工作真的很不容易，中国最不缺的就是人了。而且，自从大学扩招后，学历不断贬值。因此，你要想从大队人马中脱颖而出，赢得面试，最终找到满意工作，就必须具备强大的说服能力。

找工作需要面试，考研也要面试。哪里有面试，哪里就需要说服！只是，参加考研面试的导师，都是学有专长的学者，一个毛头大学生哪能去说服人家？因此，此处的说服，不是指学问上的，而是一些让你成功入选的其他注意事项。比如，面试时一定要秉持毛主席教导我们的“谦虚谨慎不骄不躁”的精神，让导师感觉你虚怀若谷，是个可资深造的人才。又如，说话要清楚明白，语调要温和悦耳，给人一种舒服、值得信赖的印象。因为一旦录取，你就是他的及门弟子了，日后还要相处几年；找个彼此可以信赖的人，会免去很多不必要的麻烦，何乐不为呢？千万别小看这些细节，关键时刻，却能决定你的命运。

至于商务谈判，就更加需要说服力了。有学者专门写书来讲商务谈判中需要注意的一些技巧，以增加你的说服力。比如，挺直腰板以提高气势，保持一个自然的笑容，谈判中的服装战术，等等。

除此之外，就是在恋爱中，也不能离开“说服”。求爱求爱，要求到爱，就必须说服人家爱上你。求婚，要把心爱的人拖进婚姻的保险箱，也不得不“求”一番。如果你不娴于说服别人，那你就只能“盈盈一水间，脉脉不得语”了。

小明暗恋一个心仪的女孩很久了，这天，好不容易下定决心要于今夜约她出来一表心意。可到了晚上，却徘徊对方楼下良久，就是不敢唱起练了好几个月的情歌。终于鼓足勇气托朋友帮忙叫出来女孩之后，又迟迟不敢开口，只能看着她那双美丽的大眼睛顾左右而言他。嗫嚅半晌，铆足了劲才挤出那三个字，结果换来一句：“目前人家不想谈朋友”。

但是，如果你有强大的说服力，情景就变成这样：

你到了心爱的女孩的楼下，缓缓拿出手机，轻轻一按，便接通了她的电话。然后一阵甜言蜜语，直说得她心花怒放，换上最漂亮的衣服，以最快速度出现在你的面前。待夜深人静，散步也乏累了，就找了最近的木椅坐下。这时，你凑近她的耳朵，软语温存，对她款款倾诉心曲。又从兜里拿出早就准备好的戒指，亲自戴到她的手指上。等月圆之时，早已海誓山盟，从此不用再和哥们大过单身节，并对着天花板凄凉地唱那首熟悉的《单身情歌》了。

由此可见，只有用说服力武装起来的人，.才是强大的；才能在当今社会如鱼得水，做时代的弄潮儿。

因此，说服在生活中如此常见，可以说是无处不在。有人的地方，就需说服。而说服又如此重要，以至于我们的人生是否成功，都得看我们是否具备好的说服力。

成功者骨子里都是逻辑大师

每个行业都有自己的做事逻辑，职业不同，分工不同，说话办事的逻辑不同。你做技术一流，搞研发很厉害，让你去做销售，你还行吗？让你去做管理，你在行吗？

有人会说，我喜欢搞技术，搞研发，再说与人打交道的工作是最难做的，我为什么要去做？其实不是工作难做，是你不善于玩销售的逻辑、管理的逻辑。

在所有工作中，销售与管理工作，可能是最考验说服艺术的工作，同样是干销售，有人只能拿到底薪，有人却能拿几万几十万的月薪，与其说是他们的差别在于销售艺术，不如说是差在说服逻辑上。

有一则故事，说的就是这个道理。

有一个营销经理带了几个新兵，一天，他想考验下他们的能力，便出了道题：把梳子卖给和尚。

第一个人：出了门就骂，说和尚都没有头发，还卖什么梳子！于是转了一圈，回去告诉经理，说和尚没有头发，梳子无法卖！

第二个人：到一个寺庙找来一个和尚，说我想卖给你一把梳子，和尚说，我用不着。他说，这是经理的任务，你无论如何得买一把，于是和尚大发慈悲，就买了一把。

第三个人：也来到一个寺庙卖梳子，和尚说，真的不需要的。那人在庙里转了转，对和尚说，拜佛是不是要心诚，和尚说，是的。心诚是不是需要心存敬意，和尚说，要敬。那人说，你看，很多香客很远来到这里，他们十分虔诚，但是却风尘仆仆，蓬头垢面，如何对佛敬？如果庙里买些梳子，给这些香客把头发梳整齐了，把脸洗干净了，不是对佛的尊敬？和尚话说有理，就买了十把。

第四个人：也来到了一个寺庙卖梳子，和尚说，真的不需要的。那人对和尚说，如果庙里备些梳子作为礼物送给香客，又实惠、又有意义，香火会更旺的，和尚想了想，有道理，就买了100把。

第五个人：也来到了一个寺庙卖梳子，和尚说，真的不需要的。那人对和尚说，你是得道高僧，书法甚是有造诣，如果把您的字刻在梳子上面，刻些“平安梳”“积善梳”送给香客，是不是既弘扬了佛法，又弘扬了书法，老和尚微微一笑，善哉！就买了1000把梳子。

故事有些夸张，但很有启发意义。从中我们能看到每个销售人员的逻辑：

第一个人受传统观念的束缚太厉害，用常理去考虑销售，显然不适合做销售。

第二个人是在卖同情心，这是最低级的销售方法，叫作“叩头营销”，不是长久之计。

第三、四人为客户着想，以“顾客满意为宗旨”，所以多少有些说服力。

第五人不仅能够让顾客满意，简直达到了物我两重天的境界，他不只是在卖梳子，也是在卖服务，把顾客的价值最大化，自然也就不足为奇了。

从这个故事中，我们可以窥见销售的门道，其实就是有逻辑地说服。在现实生活中，所谓的说话高手，其实都玩语言逻辑、思维逻辑的高手，他们不但善于发现逻辑、运用逻辑，而且也善于用清晰的逻辑去影响、改变别人。

没有说服力？多半是逻辑有问题

在生活中，我们常会见到这样的人，或者我们本身就是这样的人：有知识，无文化，或者有经验，无智慧。为什么会这样？其实都是因为逻辑的缺失。

虽然培根说过“知识就是力量”，但好多人都忽略了其中隐含的大前提：经得起逻辑检验的才是，否则什么也不是，渣渣而已。说得通俗一点，逻辑就是事物的因果规律，即通过归纳、演绎、推理等方法，透过现象看本质，探索客观事物的发展规律和内在联系，把知识和经验变成思想。一个人成长和进步的过程，其实就是逻辑思维能力不断提升的过程。

在日常生活中，很多人没有学过逻辑或受过逻辑思维训练，甚至被有害的教育人为扭曲，导致思考问题毫无逻辑可言。甚至有些人脑子里更是一锅糨糊，经常会产生一些奇葩逻辑、神逻辑。与这样的人交流，会产生诸多障碍，或者根本就无法辩论，就像生活在两个不同的世界的人，如果你跟他们辩论，搞不好还会拉低你的维度。

小王是一家报社的记者，平时，闲下来会兼职写一些稿件。有一次，经朋友引荐，有家公司想找他写一个书评类的稿件，但是由于实在没有时间，他就把这件事发到了一个微信群里，希望大家给推荐几个合适的人。很快，就有一个人加了他微信，说自己想接这个活儿，并且发过800多字的文章。

小王说：“我想向编辑引荐一下，不过，看了你的文章，才800多字，人家要求3000字，实在少了点。”

对方回复说：“你这个人真笨啊，你再凑点字数，改一改给编辑不就好了。”

小王说：“大哥，你才800多字，我要加2000多字才够，那不成了我写的吗?”

对方有些不高兴，过了好半天回了一条信息，说：“你这个人真是冷漠，大家都是圈里人，相互帮一下有什么难的……”

小王见他不可理喻，只好把他拉黑。第二天，他就在微信群里看到那位大哥各种批评他，而且还恶意贬损。

在这个故事中，很明显那位大哥说话的逻辑是有问题的，或者说，是他的逻辑认知出了问题，影响了他的思维方式，进而影响了他的情商及对事的判断。可想而知，他保持这样一种逻辑，在以后的生活与工作中还是会碰到各种的“不如意”。

在日常生活中，类似这样人也很常见，从心理学上讲，他们喜欢遵循这套逻辑：我弱是你必须帮我的理由，也是你的本分，不帮，是你的错，你要受到道德的谴责。同样，你有能力，就理应帮助我，不帮就是为富不仁。

正是因为一些人琢磨透了这套逻辑，并借用道德的包装，以“弱者”身份，在大肆破坏我们大家共同遵守的规则，而且还引导我们犯一些低级的错误——我们经常会站在上帝的视角审视所有人的行为：这个人怎么可以这样傻？那家伙那么自私？其实，不是别人傻，也不是别人自私，是你的逻辑出了问题。

在通往成功的路上，许多时候我们不是输在能力、学识上，而是输在逻辑上。你过得不顺利，缺少朋友，不善于沟通，不是因为世界不公平，是你的逻辑一定不合理。谁都知道马云有钱，每次有些地方需要捐款时，一大群人就会跑到马云的微博下说服马云捐款：才捐那么一点呀，那么有钱，怎么也得捐一个亿吧。不错，对马云来说，即使捐一个亿也是九牛一毛，不差那点钱。但人家的钱不是偷的抢的，是合法经营赚来的，捐多捐少还用你操心吗？你没钱，捐个十块八块也不至于揭不开锅吧，在那嘟嘟了半天，好歹也该拔个毛吧，结果是一毛不拔。

这些人逻辑很荒唐：仗弱欺人——你不照顾我这样的弱者，你就是理亏，弱者理应受到帮助，不需要理由与借口。遵循如此逻辑，那是不是说，我们都应该去体谅一个一贫如洗的抢劫犯，去关爱一个为生计所迫的盗窃犯？

说服力是开启成功之间的钥匙

在当今这个经济发达、自由竞争的社会里，沟通是全方位的。无论你的讲话水平还是交际风度，无一不显示着你的学识、修养和能力。因此，你的才干如何，大部分就体现在你的说服力上。

强有力的说服力不仅可使我们在人生的旅途上获得更多的机遇，更重要的是，它也能带给我们把握自己人生的自信和豪气。

在生活与工作中，人们不可能具有一样的想法。在推广新战略，引入新方法、新技术的工作中，各种不一致的观点、理念演变成激烈的辩论或者冲突在所难免，我们不可能天天都“英雄所见略同”，因而也不可能“天天都是好心情”。

我们会经常面对分歧，经常遇到与自己想法完全不同的人。

当你不同意他人的观点和看法时，或面对那些与你存在严重分歧甚至对立的人时，是不是当场站起来就与他针锋相对地争论一番？其实，这并非上上之策。日常生活中我们经常看到，即使是那些无关痛痒、鸡毛蒜皮的小事，如果较起真儿来，都会导致针尖对麦芒的激烈场面。而在争论中，每一方都试图压倒对方。但这并不能解决任何问题，相反却会伤了彼此的和气，严重的，还会破坏彼此的亲密关系。

美国纽约大学演讲系的两位教授花了七年时间，聆听了上千次的各种人之间的实际争论。经过研究，他们得出了这样有趣的结论：那些职业政治家、联合国的代表很少能说服对方，他们取胜的机会远远没有商店店员、公司职员多。政治家们总是力图击败对方，而职员及商店的店员则力图说服对方或顾客转变自己的看法。就是说，政治家们更多的是进行一场结局为零的争吵，而职员们通常是进行一种双赢的说服。

在如今这样一个信息时代，我们需要学习新的知识、技能和态度，说服力正是这种集合三者为一身的思维方式及工作方法。所以，我们应该向那些能进行双赢的说服的店员而不是那些政客来学习强大的说服力，以期无论在生活中，还是在工作中，都能取得双赢，甚至是多赢。

但是，说服不仅仅是一门学问，还是一门艺术。说服能引导一个人的心灵穿越无知的荒漠，避开错误的消息抵达正确的目的地。真正的说服能使另一个人理解你所说的话、体会你的感受、相信你的动因，并按照你的想法去做即使对他也真正有利的事。

可以假设你是一位房地产经纪人，想说服一对年轻的夫妻买下一套他们想要的房子，而费用是他们能轻松负担的。同时，你也得知它是全城最合算的一笔买卖。这时，你用恰当的方式把这一信息传递出去，主动接触他们，帮助他们了解这笔划算的交易，使他们明白这笔交易的合理性和有利点，最后达成交易。这样的做法就是说服。真正的说服绝不会是谎言，而是一种艺术，它能够使你去实现与别人有关的美好事情。

但是，如果你不能说服别人，这也并不是因为你的观点不好，而是因为你不太善于运用说服的艺术。你可以拥有世界上最好的点子或是最好的产品，但是如果你无法有效地向别人传达这些消息，那么再好的东西也是没有价值的。如果克拉罗·巴顿在1962年没能说服她的长官允许她上前线看护受伤的士兵，那么，从那时起不但会有更多的人战死，而且也不会有红十字会的诞生；如果爱迪生没能说服他的投资人以及工程师们相信电灯完全是有可能发明的，我们现在只能在漆黑的煤油灯下阅读；而如果索克没能学会不可思议的说服艺术，我们仍然会看到许多人会因小儿麻痹这种不治之症而痛苦地度过一生；如果承担风险者没有说服他们的雇主、同事、银行家、投资人与政府给他们的想法一个实现的机会的话，今天被你视为理所当然的大部分事情就绝不可能存在……

是的，说服他人的好处到处都是。说服艺术对于任何想要实现梦想并帮助别人实现梦想的人来说绝对重要，它是开启通往他人理智和情感之门的钥匙，也能够使你对他人的生命产生一种持续的正面影响。

一个人的魅力是和他的说服能力息息相关的。一位卓越睿智的商界精英、一个威力无穷的政府领导、一位儒雅的学者，都会在他的公众表达上有着不同凡响之处。说服力的伟大之处在于让别人信服你的观点，并钦佩你的逻辑。

第二章　要搞定他，先搞清楚他的逻辑

说话的效果虽然由讲者控制，但却是由听者决定的。故在别人讲话的时候，一定要与其保持在一个频道上，防止出现错位沟通。否则，你的话术再精，说得再正确，如果忽略了别人的逻辑，体察不到别人的角色，照顾不到别人的诉求，也难以产生说服力。

人为什么都喜欢说“不”？

有些人最怕得到对方的否定，一旦听到对方否定的声音就觉得之前的努力一定前功尽弃了。但你也要知道，90% 的人听到陌生人说话都会先说“不”，而且 90% 的人都会在说“不”后后悔。所以，有时你只需再坚持一些，或者找一些更好的方法，很快就能听到对方肯定的答案了。

人们爱说“不”只是一个很自然的反应，并没有什么具体意义。有时他们也不知道为什么要说“不”，但是就这样做了。

科学家发现，其实人们的行为有时完全不受大脑控制。比如你正在吃一个又大又红的苹果，慢慢咀嚼的时候你感觉到了苹果带给你的美味。但是情况改变时，情况就不同了。比如当你正吃的起劲时，突然发现刚咬过的地方居然有虫子在爬。你会大叫一声，然后把苹果扔掉。之后每一次吃苹果你可能都会想到之前不愉快的经历，甚至可能因此再也不吃苹果了。所谓“一朝被蛇咬，十年怕井绳”，说的就是这个道理。一次失败的经历带给你的负面影响是无穷的，你也因此忘记了几分钟之前十分美妙的滋味。

人的关系也是一样。有好的时候，同时也会有不好的时候，而且重要的是，总能带给你深刻的感受。不过，大部分的时候人和人之间的关系还是处于中间状态的。如果不懂得维护，这关系和状态就会越来越消极，甚至变得很糟糕，难以挽回。所以我们最主要的任务就是怎么样去维护这些关系。不过要学习怎么去维护关系、影响别人，就先要知道对方是怎么去做决定的，当然也包括他们的“不”。

最终的原因，我们可以从上面的例子看出来，那就是：人们总是能记住一些比较极端的体验，尤其是那些对他们有过负面影响的经历；他们一定更关注事情的结局；大部分人对未来没有清晰的认识。

所以，我们说服对方的方法也就露出了一些端倪：既然对方更容易想起对他们不好的事情，那何不用对他来说比较敏感的事情刺激他呢？尤其是在推销当中，如果你是一位推销化妆品的推销员，你可以对你眼前的顾客做这些行为：提醒她上次购买失败的经历，她被推荐坏的化妆品，然后找到空隙介绍自己的产品。如果是追求女孩子，这个方法则被运用得更多。你可以唤醒女孩子那些失败的感情经历，同时你一定要让她感受到你在这方面是绝对没有问题的。适时地安慰人家，爱情火花就慢慢点燃了。

大多数时候，人们对未来很模糊，他根本也不清楚自己到底想要什么，不想要什么。一般来讲，人们就是处于这种模棱两可之间。所以我们还有必要唤醒他美好经历的心理，给他们的未来指明一条新的道路。只要你信任我，你就可以通向这里，得到你想要的东西。

你一定经常听到这样的对话：

——“你说过了，难道你忘记了？”

——“我好像没说啊！”

或者，

——“你怎么能说起这个！我真的听到了！”

——“我没有，我真的没有！”

其中一定有一个人是错的，但是自己却并不知道。而且我们每一个人都可能在某个时刻头脑突然短路一下。这些由于记忆出现问题而产生的现象，不可能得到真正的答案。我们不能完全记住曾经的事情，自己不能，别人也不能。所以，当某些人沉迷酒色或赌博的时候，我们也可以把他们当作他们那些坏的记忆被短暂性删除了，他们当前只有欲望而不是理智在支配自己，大脑邪恶地把坏的事情给删除，也就感觉不到自己做了错误的事情。

这时，如果单纯地对他说某某事情是不对的，自然起不到好的效果。而且，他会像上面的句子一样说些不知所云的答案。你可以跟他们说这个简单的故事让他们明白。

一位著名的科学家通过医学试验研究了这种心理。他把那些需要做结肠镜检查的人分成两组，让他们用相同的方式做检查，并且要求他们必须按照固定的时间间隔汇报自己的难受程度。只是在检查结束时，其中一组把镜子取出之前，让它在身体里静止不动地多待上1分钟；而另一组则是检查完就把镜子取出来。

检查结果出来后，他们检查的感受也出来了，科学家发现：两组参与者对于结肠镜检查的回忆非常不一样。镜子在体内待的时间长的那一组，觉得结肠镜检查“没那么难受”，而另外一组则觉得“非常难受”。

这样你就可以说服你沉迷在股市中的朋友了，他们就是把检查镜放在体内多一分钟的人，事实上你比别人多承受了一分钟，但是却因为你习惯了这样的环境而感到“没那么糟糕”了。听到这里，对方一定会有所动容。这时，你只需要重复告诉他们将会再次发生可怕的结果，就像你上次赔了好多钱一样，相信他会突然觉得自己曾经做了多么傻的事情，回头是岸。

在别人听到你的说服的时候，你也必须要专注于自己的所要达到的结果。而且这个结果性理论对于对方也是必需的。想说服他但又不告诉他明确结果的话，他很可能充满失败的恐惧一直走下去，也找不到出路。这时，他最需要你给他一个实际的结果，对方也会跟着这个结果配合自己的行动。

这就相当于你只告诉对方“怎么炒菜”却没告诉他“去炒菜”一样，我们不是为了单纯的说服过程而来的，而是为了一个实际的结果，在对方没有想到的时候，需要你明确地告诉他。

想钓到鱼，就先像鱼一样思考

许多人小时候都玩过一种游戏：两腿叉开，头向下从两腿之间往后看过去，本来习以为常的乡间景色便有了新意，让人百玩不厌。现在，我们从这个游戏中可以发现这样一个简单的道理：换位思考。

换位思考就是完全转换到对方的角度思考，从而更理解人、宽容人，就是要求在观察处理问题，做思想工作的过程中，把自己摆放在对方的角度，对事物进行再认识、再把握，以便得到更准确的判断，说出的话也才能真正说到别人的心窝里。

常言道，巧辩不如攻心。说服一个人，光有嘴皮子功夫是不够的，只有设身处地，以心交心，才能又快又准地达到说服的目的。

很多人说话有一个习惯，就是不太顾虑别人的想法、观念，认为只要用正确的言语传达自己的意思就行了。其实所谓正确与否，并非说话者单方面就能决定的。如果我们在说话之前忽视了听话者的心理和反应，无论如何慎重地斟酌词句，依然会产生料想不到的差错和误解。所以必须在语言上下功夫，说话时不忘换位思考，力求使说的每句话对方肯听、爱听，打动他的心灵，这样才能提升语言的说服力。

有一次，陶行知先生看到男生王友用泥块砸自己班的男同学，当即阻止了他，并令他放学时到校长室去。

放学后，陶行知来到校长室，王友已经等在门口准备挨训了。可一见面，陶行知却掏出一块糖果送给他，并说："这是给你的，因为你按时来到这里，而我却迟到了。"王友惊疑地接过糖果。随之，陶行知又掏出一块糖果放到他手里，说："这块糖果也是奖给你的，因为我不让你再打人时，你立即就住手了，这说明你尊重我，我应该奖励你。"王友更惊疑了，他眼睛睁得大大的。

陶行知又掏出第三块糖果塞到王友手里，说："我调查过了，你用泥砸那些男生，是因为他们不守游戏规则，欺负女生；你砸他们，说明你很正直善良，有跟坏人做斗争的勇气，应该奖励你啊！"王友感动极了，他流着眼泪后悔地说道："陶……陶校长，你……你打我两下吧！我错了，我砸的不是坏人，而是自己的同学呀！"

陶行知满意地笑了，他随即掏出第四块糖果递过去，说："为你正确地认识错误，我再奖给你一块糖果，可惜我只有这一块糖果了，我的糖果用完了，我看我们的谈话也该完了吧！"说完就走出了校长室。

处于逆反时期的青少年，面对无视尊严的训斥，只会产生反抗心理，把老师当成敌人。陶行知先生不忘换位思考，谆谆教诲中，既盈满爱心，又不忘尊重，尤其是用四颗糖果收服了一颗迷失的心，充满创意，达到了目的。

可见，说服别人并不难，关键在于掌握对方的心理，这其中的秘诀就在于：推己及人，将心比心。第二次世界大战期间，某国军方推出了一种保险，只要一个士兵每月缴纳10元保险金，那么如果他将来战死沙场，他的家人就能得到10万元的赔偿。军方原以为这种保险推出后会大受士兵们欢迎，可事实却恰恰相反，投保人寥寥无几。原来士兵们想的是，要是参加了这个保险，那么每月都要缴纳10元保险金，如果将来能从战场上活着回来，这10元钱就白交了；而万一真的牺牲了，那时候要10万元也没有用了，所以还不如及时行乐，拿钱买酒喝的好。

后来，军队为了说服士兵投保，特地请来了一位著名的演说家。这位演说家对士兵们说了这样几句话："孩子们，如果谁参加了保险，将来他若不幸牺牲，政府需要付给他的家人 10 万元；而对于没参加保险的烈士，政府只需要付给他的家属几千元抚恤金。想想看，政府会愿意先派哪种人上战场呢?" 听完这番话，士兵们恍然大悟，纷纷掏钱购买了保险，因为谁也不愿意成为率先被派上战场的人。

这位演说家之所以能够轻而易举地说服士兵们投保，就在于他抓住了士兵的心理：谁也不在乎自己死后会有什么好处，而只关心自己是否能活着回来。正是抓住了士兵这种心理，他才打了一场漂亮的攻心战。

人心看似难以捉摸，但其实又很简单，只要我们将心比心，就会知道对方想要的是什么。只要我们破解了这一"密码"，说服就会变得相对容易些。

投其所好，开好兴趣这把锁

俗话说："话不投机半句多，言逢知己千句少。"谈话中，没有人会对自己不感兴趣的话题投入过多的热情，而如果遇到自己感兴趣的话题，他们常常会情绪激昂地参与进来。因此，在说服对方时，可以以对方感兴趣的人或事为突破口，进行深入交流。

在生活中，有很多这样的事情：当你试图说服别人时，直截了当地说是很难奏效的，并且还容易引起对方的反感。在这种情况下，我们就需要从侧面寻找突破口，抓住对方感兴趣的话题，从这个话题中，引出自己的要求。

一次，一家公司跟印度军界谈判一桩军火生意，谈了多次都没有成功。这时，这个公司的一个推销员主动请缨，希望能够让自己去完成这个任务。这位推销员事先给印度军界的一位将军通电话，只字不提合同的事，只说想见他一面。开始这位将军不同意，但推销员说："我准备到加尔各答去，是专程到新德里拜访阁下的，只见一分钟的面，就满足了。"那位将军勉强答应了。

推销员一走进将军的办公室，将军就赶忙声明："我很忙，请不要占用太多时间。"说话时态度非常冷漠，让人觉得生意几乎无望了。

但是，推销员一开口，说出的话却更让人感到意外。他说："将军阁下，您好！我来是向您表示衷心的感谢的，感谢您一直以来对敝公司采取的这种强硬的态度。"

将军觉得不无惊讶，一时愣住了，不知道说什么好。

“因为您的强硬态度，使我得到了一个十分幸运的机会——在我过生日的这一天，又回到了自己的出生地。”

“先生，您出生在印度吗？”将军脸上的冷漠消失了，并且露出了一丝微笑。“是的，”推销员也笑了笑，说道，“39年前的今天，我出生在贵国的城市加尔各答。当时，我父亲是法国密歇尔公司驻印度的代表。印度人民是好客的，在这里时，我们一家得到了他们很好的照顾。”

接着，推销员又谈了他美好的童年生活：“在我过三岁生日的时候，邻居的一位印度老大妈送给我一件可爱的小玩具，我和印度小朋友一起坐在象背上，度过了我一生中最幸福的一天……”

将军越听越入迷，竟被深深感动了。他当即提出邀请，诚心诚意地说：“您能在印度过生日真是太好了，今天我想请您共进午餐，表示对您生日的祝贺。”

在汽车驶往饭店的途中，推销员打开公文包，取出颜色已经泛黄的合影照片，双手捧着，恭恭敬敬地递给将军。

“将军阁下，您知道这个人是谁吗？”

“这不是圣雄甘地吗？”将军很奇怪，不知道他怎么会有甘地的照片。

“是呀，您再仔细瞧瞧左边那个小孩儿，那就是我。四岁时，我和父母在回国途中，十分荣幸地和圣雄甘地同乘一条船。这张照片就是那次在船上拍的。我父亲一直把它当作最宝贵的礼物珍藏着。这次，我要拜谒圣雄甘地的陵墓，以表示对这位印度伟人的思慕之情。”

“我非常感谢您对圣雄甘地和印度人民的友好感情。”将军说完，紧紧握住了推销员的手。

当推销员告别将军回到住处时，这宗大买卖已拍板成交了。

这位推销员成功的秘诀，就是在不能正面说服的情况下，采用“智取”的策略，激起对方的兴趣，间接打动对方。

所以，与人交谈时要“投其所好”“避人所忌”。把话说到他人的心坎上，不但能打开交际的大门，让美好动听的语言洒落到对方的心田，而且，还可以把自己的要求转化为对方兴趣的一部分，为说服创造有利的氛围与条件。

真正的高手，善于戳对方的软肋

在说服他人时，有时直接提出自己的要求很难达到目的。因为有些人，你越是求他，你越是被动，到头来反而会使事情特别麻烦、难办。这时，你需要换一套说服逻辑：学会先抓住对方的弱点，并以此为突破点进行说服。

战国时著名的纵横家张仪，早年在楚国游说时非常清苦。有些与他一样的谋士，因忍受不了这种待遇，纷纷决定离开楚国，到其他的国家去谋生。

张仪见状，劝阻道：“大家先不要急，等我先去见见楚怀王，再做定论。”

楚怀王在逼死屈原之后，更加昏庸了，整天迷恋酒色，对身边的两位大美人南后、郑袖更是宠爱有加。

张仪见到楚怀王后，开门见山地说：“我在楚国一点作为都没有，因此想到晋国去看看，不知大王可否同意。”

楚怀王连想都没想，直接说：“那你就走吧。”

张仪又问：“不知大王想得到晋国的什么东西？做臣子的愿为大王带回。”

楚怀王不屑地说：“我国什么都有，不需要别国的东西。”

“那美女呢？”张仪走近一步，轻声说。

楚怀王愣住了。张仪见其已经动心，赶忙说：“大王知道，郑、周两地多有美女，并且像仙女下凡一般，一个比一个漂亮。”

楚怀王本是个好色之徒，这下被击中了要害，立刻精神焕发，忙说：“楚国是个偏僻小国，美女自然无法跟中原相比，你如果能带回美女，我自然喜欢。”

于是，楚怀王给了张仪很多金银珠宝作为路费。而张仪，将这些财产全部分发给那些想离开楚国的谋士们。

张仪要从中原带回美女的消息不胫而走，不久，就传进了南后和郑袖的耳朵里。

几天后，南后派人带着重礼到张仪的府上拜访，侍者说道："南后听说先生要去晋国，特命小人送来黄金一千两，请先生一定收下，权且作为路上的盘缠。"南后的侍者刚走，郑袖也派使者来访，并送来了黄金五千两。

在这个故事中，张仪心里当然明白，南后、郑袖之所以给自己送如此厚重的大礼，无非是希望他不要从晋国带回来美女。

在这个例子中，张仪见楚怀王的真正目的，是要"工资"的。如果直接说，楚怀王可能不会这么痛快更不会这么大方，并且，即使给了，张仪的面子上也无光。而聪明的张仪抓住楚怀王迷恋女色的弱点，绕了个圈，不要钱，而献美女。这就是偏往痛处捅，不怕不上钩。楚怀王一下就动心了，马上给了他大量的金银珠宝。而南后和郑袖一听张仪要从晋国带回美女，害怕自己失宠，自然着急，于是也赶快派人向张仪行贿。由此，张仪做到了一箭双雕，成功地击中了对方的弱点，达到了自己的目的。

每个人身上都有软肋，都有自己的弱点。在说服过程中，直来直去，或是只顾强调自己的理由，往往产生不了很好的说服效果。尤其说服那些看上去铁面无私，做事态度坚决的人，一定要多从其身上找薄弱环节，或是利用他的一些弱点。

通常，一个再优秀的人，在以下两个方面也会有自己的薄弱环节：

第一种是看得见的薄弱环节。如对方的知识缺陷、生活缺陷，以及对方的一些外在缺陷。这些薄弱环节像标签一样如影随形，恰如其分地利用好这些环节，在说服过程中，可以起到庖丁解牛式的效果。比如：如果对方是工科背景，那么在人文思辨方面必然有所欠缺，而技术性的工作可能是他的长处。说服的时候，可以利用这个特点，避免在技术性的细节问题上和对方交锋，选择用情理和言辞来打动对方。或者说，对方在各个方面非常强大，是个铁腕人物，但是在生活当中却惧怕老婆，这个“惧内”的欠缺，也可以作为说服对方的契机，我们可以利用他对妻子的“敬”和“爱”来做文章，或者可以辗转通过他的妻子进行曲线说服。另外，应该注意的是，人的优势和缺陷是相互转化的，强大的方面也可能是有所欠缺的方面，高山之下，必有深渊，一个非常自信的人，自信是他的优点和强势，也往往使他犯致命错误，在很多情况下，“自信”就是他的弱点。面对一些强硬的对手时，对方似乎像坚硬的石头一样无处下手，根据实际情况，我们可以选择以强硬对强硬，也可以以退为进，用软化和绥靖的方式来劝说对方。这时候，强硬不是他的长处，而是他的弱点。

第二种是看不见的薄弱环节。如对方的性格和心理缺陷，这是隐秘的，最难以把握的层面，但是也是最致命的层面。每个人都有一些不为人知的隐秘，每个人都有一些性格和心理上的缺陷，要把握好这一点，需要有敏感的、准确的捕捉能力，在对方的衣着、修饰、言辞、动作，甚至一个飘忽的眼神当中发现潜藏的秘密。比如，如果我们发现对方一丝不苟，皮鞋锃亮，那么这人可能会有一些苛刻和呆板，如果是一个喜欢名牌休闲鞋的人，那么这人性格当中也许有一些自在的随性的方面。再比如，假如对方的办公室在一个阴沉昏暗的，远离阳光的角落里，那么我们基本上可以判断，对方属于内心深沉思维非常隐秘的那一类人，和这样的人对话，需要非常小心谨慎，任何大方和开朗的举动都可能触犯对方。弗洛伊德说，人的性格和心理像飞鸟的轨迹，虽然了无痕迹，但是并不是无法捉摸。持久的耐心、细致的观察力，通过各种渠道对说服对手的了解，都能帮助我们获得一些这方面的内容。

说服是双方心理和智慧的博弈，在这个过程中，棋子已经布好，但是棋盘模糊不清，双方都看不到对方的防线和布局，攻守在探索中进行。最终首先能够找到对方弱点与薄弱环节的一方会占得主动，并在博弈中胜出。说服也遵循相同的逻辑：许多时候，双方的心理、学识、经验等都是均衡和对等的，谁也不服谁。打破僵局的办法是，找到对方的弱点和漏洞，在薄弱环节上突破对方的心理防线。深谙此逻辑的说话高手，才是真正的高手，说出的话才句句有力量。

学会深入对方的主观世界

当我们与一个人交流的时候，必须要走进他的世界，从他的内心深处去体会他的感受，去了解他的生活方式，这样才能与对方进入更深层次的交流。只有抓住了对方的心理，才能与对方慢慢地建立共情关系。只有这样，我们才能准确地抓住对方的心理诉求，进而说服对方。

那么什么是共情呢？美国著名心理学家罗杰斯认为，它就是一种能深入他人主观世界，了解他人感受的一种能力。也有学者认为共情就是“能够了解他的世界，必须能够做到好像可以从他的眼看他的世界及他自己一样，而不能把他看成物品一样从外面去审核、观察，必须能与他同在他的世界里，并进入他的世界，让我们了解他的生活方式以及他的目标和理想。”

也就是说，只有先走近对方的内心世界，委婉地把话说到对方的心窝里，你的一些观点、要求才更容易被对方接受。

比如，你新到一家公司上班，对身边的同事不够了解，但是通过几天的相处，或是在一起吃几次饭、喝几顿茶、几次聊天，便能从两个人的身上找到许多相似点。当双方了解了彼此的特点与喜好，并找到了一些共同点，那交往起来就不会显得生疏。这个时候，你再求他办点事，或帮个忙，就比你刚认识对方时，求他办事要容易得多。

人们经常这样评价一位优秀的推销员：我感觉在和他聊天的过程中就好像是在和自己聊天一样。因为优秀的推销员在和顾客交流的时候尽量让声调、音量、节奏，甚至是身体姿态、呼吸频率都与顾客保持一致。这对于加强彼此的沟通，增进彼此的感情，在说服过程中，这无疑也是一个很好的方法。

清末，日俄战争的结束，对清政府震动很大。清政府认为日本以立宪而胜，俄国以专制而败，加上国内局势动乱，大清政权已经飘摇欲坠。为了加强皇权，巩固政府统治，决定实行新政，决定立宪。

而此时清政府真正的统治者慈禧太后却坚决不同意，在朝廷上下一筹莫展的时候，载泽站了出来。他深知，慈禧根本不关心立宪与否，也不关心是否会成功，她的内心只在乎皇权是否还在自己的手中。于是载泽对慈禧太后说："立宪之前先得预备立宪，但是预备立宪需要花费 20 年的时间。"慈禧太后一听，心想：光立宪就要 20 年，而那时我早已不在人世了，到时能否立宪，与我没有一点关系。于是慈禧太后就欣然同意了立宪。

结果，用了不到 3 年时间就完成了预备立宪，并非像载泽说的那样需要 20 年。3 年之后，清政府颁布了《钦定宪法大纲》，立宪获得成功。

从这个简短的历史事件可以看出，巧妙地说服他人古已有之。如果载泽在说服慈禧接受立宪的时候没有准确地抓住她的心理诉求，即皇权，就不会顺利地说服慈禧太后。载泽正是看到了这一点，于是载泽便向慈禧太后承诺在她有生之年，不管怎样立宪，皇权都不会落入他人之手。而慈禧的心理诉求得到了满足，便很痛快地答应了载泽的要求。

在说服别人的过程中，除了要学会换位思考，站在对方的角度考虑问题，还要了解对方的思维方式、语言逻辑，这样才能有的放矢，提升说服的效果。

顺着对方的逻辑更容易破局

世界上没有完全相同的两片树叶，更没有完全相同的两个人，每一个人都有其特点，更有其不同的需求。一段精妙的话，对一个人适用，却未必适用于另外一个人。一大堆外形相似的钥匙，往往只有一把可以打开对应的锁。

在某件事情上，不同的人有不同的立场，有不同的想法，有不同的处理逻辑。如果大家能想到一块儿，立场相同，观点相近，那说服对方并不困难。如果大家的立场相左，处理问题的思维逻辑也大相径庭，那你一味强调自己的逻辑，很难打破这个僵局。

说服对方，自己除了要有清晰的思维逻辑、语言逻辑，还要了解对方在某件事情上的立场、观点，以及处理问题的逻辑是什么。许多时候，只有顺着对方的逻辑说话，进行巧妙的引导，才更容易说服对方。

比如，在生活中我们都曾遇到保险推销员。许多时候，我们不买保险的逻辑是：既然保险那么好，为什么还要到处推销，而且推销的成功率又那么低？说明它并没有推销员描述的那么好，而且其中可能有猫腻，既然有猫腻，那我为什么要买？把钱存在银行不更保险吗？

有些推销员不理解客户的这个逻辑，一味地强调保险的好处，而且，他越是强调这些好处，越会引发对方的抵触情绪。高明的销售人员能吃透对方的这种心理，会从对方的逻辑入手，撬开对方的心门。

晓晔是一位海外留学归来的律师，她的父亲是亿万富翁，所以从来没有考虑买一份人寿保险。

有一天，保险公司的业务员彬彬找到了她，希望她投一份保险。晓晔对她说："你的观点我明白……依你的看法，什么人才需要人寿保险呢？是不是那些每天都得工作的人，才需要人寿保险。"

听了她的话，彬彬说："你不是有一份工作吗？"

晓晔："那完全不同！我工作的原因，不是因为我需要收入！"

"那你为什么要做现在的工作呢？"

"因为我觉得用自己的钱，心里比较舒服。"

"你给我的感觉是：你是一位很有个性的人，不想依赖他人，想自力更生，有自尊并且活得很有尊严的职业女性，我说得对不对？"

晓晔表示同意。

接着彬彬说："你父亲虽然是大富翁，但和我们今天所谈的主题没有关系。我们想说的是，我们每个人如何依照自己的个性和意愿，过着很有自尊，很有尊严的生活。你那么富有，假如我每个月给你五百元美金，会使得你更加富有吗？假如我每个月从你身上拿走五百元美金，会令你贫穷吗？对你有丝毫的影响吗？没有！那么好了，请你立刻把五百元美金交给我，让我立刻为你创造你想得到的永久性的个人自尊和尊严，好吗？"

"……"

晓晔被说服了，心甘情愿地给自己买了一份保险。

为什么彬彬寥寥几句话，就让晓晔改变了主意，转而投保呢？

很简单，是因为逻辑的力量！

晓晔老爸是大富翁，但她很有自尊，彬彬正是紧紧抓住了这一点，用简短的话说服了她，让对方知道，买保险不是买别的，买的是人的尊严。如果她换一套逻辑：强调现在投保，将来会几年拿回本钱，还能获利多少，如何划算……或许根本激不起对方的兴趣。

对待同一件事情，每个人都会为自己找一个逻辑，然后推理出自己想要的观点。所以，要改变对方的观点，就先改变他的逻辑。如果改变不了对方的逻辑，那就顺着对方的逻辑，说自己的理，让他的逻辑来变相支撑你的观点，从而在别人的逻辑里来证明自己。可见，说服不在于你有多聪明，而在于你善于引导对方得出你想要的结论。

做好“自己人”，没有讲不通的理

在日常生活中，不管你和谁在一起，都可以找到双方的一些共性，如年龄、性别、社会地位、家庭出身、兴趣爱好、籍贯以及人生观等。因为相似的人彼此容易沟通，较少因意见传递的困难而造成误会和冲突，即使是初次见面，也有“相见恨晚”的亲切感。

也就是说，一个人能不能被说服，在很大程度上取决于他是否遵守这样一条逻辑：把你视为“同类”，容易被你说服，反之，认为你是个“异类”，即使你说的再在理，也难以认同你。

所以，我们在进行说服时，可以根据对方的情况，及时表明自己的某些看法、兴趣或是经历等与说服对象有着许多相似之处。这样的用意在于，使双方的距离拉近，给听者一种“我们是自己人”的好印象。一旦被说服者认为说服者是“同路人”，那就很容易被说服者引导和感化。

有一个病人同强盗成为朋友的故事：

一天晚上，病人躺在床上。忽然，强盗跳进阳台，几步就来到床边。他手中握着一把手枪，对病人厉声叫道：“举起手！起来！把钱都拿出来！”

躺在床上的病人哭丧着脸说：“我患了非常严重的风湿病，手臂疼痛难忍，哪能举得起来啊！”

那强盗听了一愣，口气马上变了：“哎，老哥！我也有风湿病，不过比你轻多了。你患这种病有多长时间了？都吃什么药？”

躺在床上的病人从水杨酸钠到各类激素药都说了一遍。强盗说：“水杨酸钠不是好药，那是医生用来骗钱的药，吃了它不见好也不见坏。”

两人热烈地讨论起来，特别对一些骗钱的药物的看法相当一致。两人越谈越热乎，强盗已经在不知不觉中坐在床上，并扶病人坐了起来。

强盗忽然发现自己手里面还拿着手枪，面对手无缚鸡之力的病人十分尴尬，连忙偷偷地把枪放进衣袋里。为了表示自己的歉意，强盗问道：“你有什么需要我帮忙的吗?”

病人说：“你我有缘分，我那边的酒柜里有酒和酒杯，你拿来，庆祝一下咱俩认识。”

强盗说：“不如咱们到外边酒馆喝个痛快，如何?”

病人苦着脸说：“只是我手臂太疼了，穿不上外衣。”

强盗说：“我可以帮忙。”他帮病人穿戴整齐，一起向酒馆走去。

刚出门，病人突然大叫：“噢，我还没带钱呢!”

“不要紧。我请客。”强盗答道。

故事虽然听起来有些荒诞，但是反映出来的说服逻辑却是很清晰的：即使是你的敌人，只要你能迅速找出双方之间的共同点，也会拉近彼此之间的距离。

美国第十六任总统林肯是一位善于利用相似原理说服对手的人，他巧妙利用感情技巧，拉近自己和说服对象的心理距离，令人信服。他曾经说过：不论别人如何仇视我，只要他们肯给我一个说几句话的机会，我就可以把他们说服。下面是他在竞选总统辩论中争取民众，化仇恨为好感的一番讲演：

南伊里诺斯州的同乡们，肯特基州的同乡们，密苏里的同乡们，听说在场的人群中，有些想要和我为难，我实在不明白为什么要这样做，因为我也是一个和你们一样直爽的平民。我生于肯特基州，长于伊里诺斯州，和你们一样是从艰苦的环境中挣扎出来的。同乡们，让我们以友好的态度交往。我立志做一个世界上最谦和的人，决不会去损害其他人。我现在对你们诚恳要求的只是请求你们允许我说几句话。你们是勇敢而豪爽的，这一点儿要求，我想你们不会拒绝……

林肯强调他和选民之间的相似处，指出他们是同乡，是同样直爽的平民……从而深深打动了选民的心，使他们克服了对立情绪，把林肯当成了自己人。林肯由此获得了选票，当上了总统。

所以，说服对方，就先让自己成为他的“同类”，并表现出你惺惺相惜的态度，如此，即使不掌握高明的说服技巧，也能让说服变得水到渠成。

围绕对方的“需求”搭建说服框架

没有需求，就没有说服。如果你出售、获得和制造的东西，别人都没有需要，或者你的意见与建议对他人无用，那就无从说服别购买你的东西，或是听你的意见或建议。

也可以说，制造需要是说服他人的第一准则。怎么制造？要着眼于马斯洛需求层次理论，考虑不同领域的需求——无论是生理、安全和保障、爱和归属感、自尊还是自我实现的需要，从这些需求中，你肯定可以帮对方找到他缺少的东西，然后告诉他，这些东西只有你才能完善。

很多时候，我们被广告耍得团团转，被上级骂得团团转，被下级哄得团团转，被同事骗得团团转。还以为他们说的“很有道理”，其实这个“道理”的“内核逻辑”与卖减肥药无异——牢牢地抓住了你的需求。

那如何通过需求逻辑来进行说服呢？关键要做好五步。

第一步：激发兴趣。

在开始时，要想办法引起对方足够的注意和重视。把人们“唤醒”，激发他们的兴趣，让他们从思想上快速地“参与”进来。在这里，可以借助幽默、惊人的事例、糟糕的数据或吸引人的故事等任何能够吸引听众注意力的方法将人快速拉入主题。

第二步：创造需求。

要想把对方“煽动”起来，先得让他们意识到：需求得改一下了。但是，不要马上和将要提出来的“解决方案”建立联系。这就如同，如果有人打算推销一款产品，不要一开始就给大家看产品，而应该先告诉他们这个产品会帮他们填补什么样的缺陷、满足什么样的需求。总之，让他们相信现状，是需要改变的。

第三步：满足需要。

在向人们展示确切的需要之后，就要开始满足这个需要。这时，可以介绍自己的解决方案，如解释它的工作原理，解决人家的疑问。如果你向某位老板说，他的公司因为某些环节没有实现自动化而每年要多付出500万的成本，而实现自动化的付出其实只需要200万。他会不会想让你马上为他提供自动化的解决方案呢？一定会考虑的。

第四步：展望未来。

这一步，是说服真正发挥作用的地方。前面的三步是在逻辑上说服对方，而这一步则是在心理上打动对方。让其看到积极的和消极的情况，告诉他们如果没有解决方案会怎样，然后对比有了解决方案后又会怎么样。这样做的目的是把“需求的欲望”烙进人们的脑海里。在描述展望的时候必须现实而且具体，越是现实、越是具体获得的效果越好。你的目的只是让人们同意你的观念，并促使他们采取和你推荐方法一致的行为，为此，可以使用一些方法来分享展望。

第五步：呼吁行动。

这是整个说服过程中收尾的一步。大家听完你的整个描述之后想做些什么？该做些什么呢？可以直接告诉他们，更好的方式是想办法让他们自己说出来。最好是具体、简单而且是一件在48个小时内就能开始做的事，否则会被人们渐渐遗忘。

在具体的说服过程中，操作方法不可一概而论，要根据当时的情景，来巧妙地搭建自己的说服框架。这个框架搭好后，结合巧妙的话术，再运用一定的语言逻辑，你也可能成为鬼谷子一样的人。

道相同了，才好相谋

俗话说：道不同，不相与谋。和与自己观点、思维逻辑不一样的人交流是非常困难的。在说服当中，如果双方鲜有共同点，那彼此之间的距离感很难消除，而且在交流过程中，也容易形成心理隔阂，并且会产生一些障碍。

据清末野史记载，有一位湖南士人屡试不第，无奈之下，只好千里迢迢来到北京，拜会晚清名臣曾国藩，希望凭借同乡之谊，以及自己的才学，在曾国藩的幕府谋一份差事。曾国藩向来有礼贤下士的好名声，这次也不例外，对这位同乡热情接待，双方聊得非常投机。酒酣耳热之间，这位士子忍不住大发议论，抨击起曾国藩对古诗文的态度，曾国藩虽然不说什么，但是心里却很不愉快。

酒过三巡之后，乘着酒兴，这位士子又提及自己来北京的用意，希望得到曾国藩的提携。曾国藩本来以清廉刚正自诩，这几句话恰好犯了他的忌讳。这位湖南同乡尽管并非一无是处，曾国藩最终还是没能帮上他的忙，送了一笔银子打发他回家了事。

在这个故事中，这位湖南同乡对双方存在的差异点缺少了解，不仅没有能巧妙利用，反而使差异点成了说服的障碍，导致了说服的全盘失败。

人和人之间总有各种各样的差异，差异无处不在，形成各种复杂纠结的矛盾。在说服当中，我们应该巧妙利用，妥善化解双方充满差异的环节，消除不利于说话的内容，甚至使不利的因素向有利的方向转化。具体而言，在说服过程中，差异点主要可以分为以下几种：

第一，背景、身份的不同。不同的背景、身份会造成两个人在对话时的心理接受上的微妙差异，同样的话，来自上级还是下级，来自官员还是平民，来自学者还是来自普通人，所产生的表达效果会很不相同。因此，在说服当中，根据我们的身份和自我定位，对与自己有身份背景差异的对象进行说服时，我们要注意选择适合这种身份和关系的语气和措辞，尽量使对方容易理解，容易接受。比如对上司进行说服，我们应该选择建议的语气，既维护了对方的体面和尊严，又能使对方乐于倾听我们的表达；如果我们面对的是下级和晚辈，我们的语言不妨温和、亲切一点儿，这样能显示我们对下属的关心和爱护，我们的语言也易于使对方接受。

第二，双方目的的差异。在说服当中，双方的目的可能南辕北辙，利益也不尽相同，似乎永远走不到一起。在这种情况下，最好的解决方式，是在不同当中寻找共同点，最终使目的迥然不同的双方进入相同的轨道。二次世界大战期间，经过艰难的谈判，意识形态互相对立，互相敌视，充满不信任的英美和苏联走到了一起，形成同盟。使它们走上共同道路的原因，是因为双方不同点当中的共同点：抵抗法西斯国家的侵略和扩张。在说服当中，面对目的和利益关系都不相同的对方，我们往往能找到这样一些扭转乾坤的机会。

第三，立场、角度的不同。因为不同的立场，不同的视角，会使沟通发生困难，双方各自坚持自己的理由，谁也无法说服对方。在对峙的情形当中，往往是柔和的方式能够改变局面，而强迫对方认同自己的争持不下的坚硬的方式，只会让对方越来越坚持自己的立场。因此，我们可以运用怀柔的办法，试着站在对方的立场上，试着理解对方，以对方的思路来考虑问题。俗话说："山不过来，我就过去。"为了说服的目标，既然对方不肯过来，那么我们不妨走过去。这种妥协和退步的怀柔策略，往往能改变双方的对峙状态，取得立场和视角的一致。

即使对同一件事情，每个人所持的观点立场，以及思维逻辑都不尽相同，不了解对方的这些立场、逻辑，贸然“推销”自己的观点、逻辑，很容易产生正面碰撞。如果在刚开始交流时，就将双方的许多差异点坦露出来，对说服工作十分不利。所以，高明的说服者首先会隐藏自己，在了解对方的同时，再根据情况出牌，这样，就无形中消除了双方的差异点带来的交流障碍，为说服工作扫清了道路。

永远不要试图站在对立面说服

如今，“如何更好地说服别人”，几乎成了我们每天都要面对的问题。我们想办法让朋友理解自己，想办法让老板接受我们的建议，想办法让客户相信我们的能力和诚意，这是一个烦琐但是充满挑战性的工作。在沟通过程中，多数人最直接的做法就是竭力展示出能够支撑自身理论的各种依据，其潜台词就是“你必须尊重我的想法”，或者“我的想法才是最正确的”。

但实际上，说服别人并不仅仅在于强化自己的观点，对他人造成压迫的声势。妄图用自己掌握的那一套“真理”去压制别人的“真理”，往往不那么现实。尤其是当双方都认为自己才是正确的那一方时，这种毫无意义的争论将会一直持续下去。

有时候，换一个角度，选择站在对方的角度和立场想问题，看看对方的观点和想法是什么，了解对方的动机和理由，并适当顺应对方的想法去做事，反而更容易减少双方的分歧和冲突。无论如何，站在他人的角度来思考，都会让我们处于一个相对安全的位置，通过某种迎合性的行为，赢得对方的尊重和信任。

例如，人际关系学家戴尔·卡耐基由于工作繁忙，要招聘一个秘书。他在报纸上刊登了招聘信息，短短几天之内，各种求职信像雪花一样飞过来。

在阅读信件的时候，卡耐基发现了一个现象，几乎所有的信件都在讲同一件事：“我很出色，我拥有丰富的工作经验，我能够处理各种各样的问题。”这些内容让他感到厌烦，他只能不断地加快阅读的速度，直到有一封信引起了他的兴趣。信中的内容是这样的：

“尊敬的卡耐基先生，我知道您现在一定很忙，非常需要一个助手来帮您整理信件。我有过几年助理的工作经验，因此非常乐意为您效劳。”

卡耐基当即决定，聘用写下这封信的那个女人。

为什么在许多应聘者中，这个女人会脱颖而出呢？原因就在于她没有从自己的角度来看待这件事，并没有从自身的能力来谈论工作是否适合自己。其他人渴望获得这份工作的理由是“我有这样的需求和能力”，而这个女人的理由却是“老板有这样的需求，而我有能力满足这种需求”，这才是她成功突围的关键。

这不只是对工作的一种理解，也是对老板的一种理解，这种发自内心地理解对方，即使在今天的职场，也是非常难能可贵的。

微创（中国）董事长唐骏当年在微软公司工作的时候，虽然在学历、能力、背景方面并没有优势，但是他深受上级领导的信任和喜爱，而且他的一些建议经常会被采纳。

多年以后，唐骏离开微软，他在自传中提到让领导“服气”的方法，就是尽量站在领导的立场说话和做事。比如，在工作中，上级领导经常要求职员制订一份详细的工作计划，很多人会在第二天交上这份计划，而唐骏不仅会呈交一份计划书，还会提出各种反对意见和可行性方案。他知道领导一定会从这些方面来考量这些计划书，所以他干脆自己制作了这些可行性方案，为领导排忧解难。

在平时的谈话中，唐骏几乎没有胡乱发言的时候，他总是会事先试探领导的想法和意见，想办法去进行设想：“如果是领导，他们会怎么去想，会怎样去解决这些问题。”

正因为他总是站在领导的立场上说话，所以他的一些观点总能够赢得领导的认可。

多年以来，很多人都抨击微软公司内部沟通存在很大问题，管理缺乏人性，管理者有些独裁，根本听不进别人的意见。这些问题在唐骏身上并没有出现过，很显然这是一个沟通方式的问题。

很多时候，我们应该勇于表达自己的想法和观点，但这并不意味我们总是需要利用自己的观点来说服别人。一旦双方存在分歧或者冲突，必须做出调整，必须站在对方的立场上想问题，多听听对方说了些什么，然后表态："我觉得你的想法很有趣。"即便你认为对方的观点是错的，有失偏颇，也不要急匆匆地去反驳，而要说"虽然我不大明白，但我会试着从你的角度去想一想的"，这种说话方式，非但得体，且不易引起对方的反感。

总而言之，每一个表达者都应该向对方表示这样一种态度：我理解并尊重任何人的想法。在很多时候，设身处地地为他人着想，这是消除隔阂、拉近彼此关系，并且最终说服对方的一个前提。

第三章　洞察对方心思，于细微处开始说服

一个人有什么样的心思，就有什么样的举止行为。往往一些生活细节，透露了人的最隐秘的心理活动。没有人的心思是藏得住的，除非他毫无心肝。对于一个说服者来说，如果能通过对细节的观察和把握进而摸透对方的心理，则说服就易如反掌了。因为对方的身体姿势、面部表情以及不经意的小动作中，都潜藏着他们的真实想法。

从不满意中寻求突破点

在说服过程中，对方的不满情绪，虽然有可能影响说服的进程，但也意味着机会。因为聪明的人善于从对方的不满中寻找突破口，从而改变对方的态度。所以，当对方表示出某种不满，或是对立情绪，要能及时识别，并为我所用。

有位心理学研究者在研究情绪对人谈判决策的影响时，设计实验模拟了生活中一对一买卖商品的场景，研究结果发现，在一对一的砍价过程中，当买家表露出不耐烦，或是生气的表情时，通常更容易促使卖家做出让步，从而促成交易。

当然，表达愤怒的情绪也可能激怒对方，而且当对方表现出“被激怒”的样子时，你无从判断对方的“被激怒”是否是假装的，此时你可能反而陷入迷惑。即使你一直在假装愤怒，当你认为对方是真的“被激怒”了，感受到敌意时，你也可能会反被对方“愤怒的样子”给激怒了。当双方看上去都很愤怒时，容易导致场面失控。此时如果你的理智更胜一筹，乘虚而入，对方就很容易被抓住把柄，进而被你说服。

所以，在说服中除了要学会识辨对方的不满情绪，还要学会应对相应的场面，让自己把握住沟通的主动权。

1. 识别对方的不满情绪

当对方产生不满情绪时，即使脸上不表现出来，也会映射在言行当中，像下面几种情况，都表明对方在闹情绪。

（1）突然做出出人意料的古怪行为。

（2）把门砰的一声关上，或是一屁股坐下去，动作显得很粗野。

（3）说不上几句话就怒形于色，或厉词相对，或用粗暴的口气应对。

（4）忽然端正仪容，正颜厉色地说明自己的立场。

（5）对辩论的内容，来个“偷工减料”。

（6）摆出闹别扭、怀偏见、破锣破摔的态度。

2. 理性应对对方不满情绪

发现对方表现异常时，要迅速做出相应的反应，以捕捉最有利的战机。通常针对对方的不满情绪，领导可以依下面的方法行事。

（1）拿出以使对方反扑的话去顶撞，使其不满顿告萎缩。

（2）正在跟对方谈论时，如果发现对方一直心存不满，就要暂停谈论。

（3）可以进行适当的语言刺激，进一步激发他的不满，让他得到彻底宣泄。

这么做有两个好处：一是由于不满得以发泄，就如膨胀的皮球，给针戳了一个小孔就泄气那样，不满的情绪就“顿告萎缩”；二是由于不满已经发泄，对方往往不自觉地透露不满的真正原因，可以给说服者带来许多珍贵的情报，说不定从中可以找到说服上的突破点。

（4）倾听对方的不满。

这是一种使之发泄不满的深层说服术，不但可以运用到言语的发泄也可以扩及到人为的发泄。

某公司规定，总经理室要全日开放，公司所有的员工可以随时找社长，或自由进出总经理室。这个创意，表面上的口号是：“上有所通”，其实，真正的目的是“使它成为员工们不满的发泄口”。

又如，不少大企业，都有“顾客抱怨处理小组”。一方面，它有迅速反馈消费者意见的作用，另一方面，也是让消费者发泄不满的渠道。消费者有了尽情发泄不满的机会，当然对那个企业的印象不会变坏，因为，不满发泄之后，人看问题就不会那么消极悲观了，也更容易接受别人的建议。

不论是生活经验，还是心理学研究，都一致认为：当一个人感觉愉快时比他在感觉愤怒时更容易采纳他人的建议。因此当一个人发火时，即使本来好说话的人，也不会听进半句。所以说，当对方对你的观点、要求表现出不满时，不宜针锋相对，要静观其变。只有头脑冷静，才能从对方的情绪中寻找到破绽，才能更理性地思考问题。

通过着装风格窥探内心秘密

是什么把我们和我们的衣服联系在一起？我们的自我认识、我们与他人的关系，我们的欲望，还有我们丰富的心理情绪——愤怒、羞耻、欢乐、忧伤……

有两位国际有名的精神病学家在意大利托斯卡那的一次痛快购物之后，对人们的着装行为进行了精神分析。

他们的问题是，为何我们所穿的衣服会带上浓重的情绪色彩？

通过研究发现，衣服位于个人世界和社会世界的交界处。它是我们身体的一部分，因为我们选择和穿戴了它，但它同时也属于外部世界。这个处于世界和自身之间的交界位置，使得我们和衣服的关系非常丰富和复杂，所以，着装会向自己和他人发送信息。没有人是只为自己而穿衣的；凡参加宴会的人，即使是个很不修边幅的人，也不能不稍微注意一下穿着。

此外，母子关系的重要性也决定了我们的穿衣行为。因为一个人在婴儿时期得到的各种照顾中就有穿衣一项：母亲给孩子选择何种衣物，如何包裹婴儿，如何欣赏裹在衣服里的婴儿。慢慢地，这就变成了我们的着装习惯。

精神分析师唐纳德·温尼科特说得很好：母亲的目光是孩子看自己的第一面镜子。成人后我们穿着各种衣服在镜子面前试来试去时，有几分寻找当年母亲看我们的目光的意味。

这里有一个“购物狂”的故事：某时髦女生买了一大堆的衣服。但每一次她都觉得没有找到自己真正要的衣服……其实，她真正在找的可能是母亲慈爱的目光，而不是什么具体的衣服。

为什么会这样呢？在她母亲对她的爱中有什么缺失吗？或是她自己有什么问题让她没能感受到母亲的爱？这其中充满各种各样的可能性。

衣服会影响我们的情绪吗？是的，绝大多数的人都是这样感觉的。过完一个不开心的白天后，谁都会想换一身衣服，以便换一个心情。这种做法是基于这样一种认识——情绪会渗透到衣服里，似乎外部世界和内心世界之间会相互渗透。有时确实是这样！但人们往往很难说服自己相信这种想法。

另外的一种解释是，人们往往倾向于把衣服看成自己经历的代言人，购买衣服成为在自己身上消化他人形象的一种方式。我们发现，热恋中的男女喜欢穿情侣衫，即使那种款式并不适合他们。

这并不一定是负面的，因为个体在自我建构过程中，需要从他人的形象中选取一些元素，然后据为己有。那些总是穿同样颜色或者同一款衣服的人，他们的衣服在告诉我们什么呢？

这有很多种可能性，取决于每个人的经历。通常，这类行为展现的是个体与自我形象的关系。固定的着装，可能是源于内心世界的犹豫不决、变幻不定。

有人喜欢一年四季都穿黑色服装，可能他内心比较阴暗。有人却不管冬夏，都穿白色衣服。因为白色衣服看起来干净，符合她洁癖的喜好。

在镜子里看到同一个样子的自己，成为加固身份认同的一种方式。这让人潜意识里觉得，如果变换着装风格，就可能失去自我。有多少爱美的女人不喜欢穿丝袜呢？

为什么有些人比别人更重视着装？其实，过分重视着装常常是为了巩固脆弱的自恋。如果一个人对自己有信心，就不需要不断检查自己是不是穿了合适的服装，而信心不足的人就要在外表上同样贯穿内在的自恋。相反的表现是：有些人你给他任何衣服，他都会穿上；还有一些人会说他们穿的衣服，“就是为了跟大家一样”或者“为了让人完全注意不到自己”。

这些行为并不是没有意义的。他们是害怕领先于人吗？他们觉得需要躲藏在不惹人瞩目的衣服后面吗？无论人们以何种方式穿衣服，无论人们对衣服有没有兴趣，穿衣行为总是有意义的。在我们生活的某些时刻，着装是否会具有更重要的意义？

是的，一般在青少年时期。这个时期，身体的变化带给人内心巨大的扰动，而衣服可以让他们控制自己身体的外在表现。在这个身体发生巨大变化的时期，衣服要么是展现这个变化，要么是遮盖。所以，青少年会非常重视个人的着装风格。女孩子从这个时期开始把大把时间花在镜子边，而男孩子也开始随身带个小镜子，时不时地拿出来照一番。

在生命的每个时段，人们都会在衣服上投射某些特别的东西。成年人，在上面附加了爱情、人际、友谊。我们在过去和现在之间往返，而衣服是这个过程中的一种支撑。

过去的衣服让我们想起身体以前的样子，我们保留下来的死者衣服让我们想起这些过世的人。

还有我们在家里才穿的旧毛衣，也是这样。我们常说“自我感觉良好”，是不是也意味着在自己的衣服里感觉良好？

衣服可看成是皮肤的延伸。但找到自己的穿衣风格或穿着适合自己的衣服，并不意味着自我感觉良好。

着装风格可能受家庭、伴侣和社会地位的限制。有很多女人的着装风格只是为了取悦自己的伴侣，所以，在她们的本来面貌和表现出来的样子之间有很大差异，这可能成为痛苦的源泉，尽管这衣服确实很配她们。

生活细节泄露玄机

你想了解某个人的时候，即便不直接接触本人，也能轻松地发现那个人的性格或人品。因为通过观察他周围的环境，就能发现许多有价值的东西。

据说美国的大富豪、石油巨头洛克菲勒十分擅长在对方毫无察觉的状态下观察他人。他会在休息日突然去公司员工的家中拜访，通过观察书架上摆放的书来判断下属的个性。

洛克菲勒内心到底是怎么想的，我们不是很清楚。或许他会这样判断下属："原来他经常阅读哲学方面的书籍啊！那么肯定能对事情进行长远的分析，比较适合担任××职位……"

当你想读懂某人内心世界的时候，仔细观察他周围的环境，或许能比实际交往了解到更多信息，大家一定不要忽略这一点。

例如有位女士，上班时总是穿着名牌服装，背着名牌包，带着昂贵的手表，全身上下无一不是名牌。根据这些信息你就可以判断她是个表现欲强、争强好胜的人。只要能判断出她的性格特点，就能采取有针对性的措施，比如可以委任她负责竞争性强的工作。

办公桌也一样。有的人桌子上杂乱无章，而有的人不整理得井井有条绝不罢休。仔细观察这些细节，就能看清这个人的性格。

中国古代有位皇帝曾经在新年的时候召集文武百官打麻将。

"那家伙在东边很旺，就派他到东边任职吧。"

"这小子有聚拢财力的能力，让他负责财政吧。"

如此这般，通过观察打麻将的运气来进行人事任命。

人们的嘴巴可以随便撒谎，行为习惯却无法撒谎。因此，即使不和对方直接谈话，也可以通过观察他的行为习惯看清这个人的本质，而且不会被欺骗。孔老夫子就非常明白这个道理，他说："始吾于人也，听其言而信其行；今吾于人也，听其言而观其行。"

因此，在说服活动中，你应该注意观察对方吸烟、拿杯子的方式，以及对方的发型是否凌乱，领结是否松开，提包中是否整整齐齐，笔迹是否潦草等细节。这样一来，对方的内心世界就会完全暴露在你面前。

精神分析学的创始人、奥地利学者弗洛伊德曾经总结了对患者进行心理劝导的窍门，其中一条就是"注意观察细节背后的信息"。可以说，这个方法完全可以应用到商务往来中。注意观察细节，可以看透一个人的性格。

要区分清事实与臆想

曾经，某著名百货公司因经营不善而宣告破产。据了解，该公司的董事长作风独裁，由于是白手起家，对别人要求也特别严格，尤其是对待属下。长此以往，属下为避免董事长的责备，经常隐瞒事实，只报告董事长所喜欢的。

像这种情形，最常见于老板独裁的公司。属下为讨老板欢心，通常只上呈有利于自己的报告，等到老板发现时，公司或许已濒临危机。这当然与老板的听法有关，无法区别报告中的“真实性”与“主观性”。

1. **真实性**

我们发言时难免会掺杂主观成分，所以听者须注意其中的真实性。例如向上司作报告，任何人部想获得好评，往往会在事实外，加上自己的观点。

又如汽车公司推销员，预先报告销售成绩是常有的事，这是因为想博取上司赞赏或向同事炫耀。

基于这种心理，听者听人说话时，应从对方谈话中，确定是否可靠。倘若无法区分真伪，不妨要求对方提出证据，这样就能辨明真伪。

当然，朋友之间闲聊，可不必介意是真是假，但如果换成重要的工作报告，务必向对方取得证据，以掌握内容的真实性。

2. **先入为主**

此外，听人说话前不可抱着先入为主的观念。上司听属下报告时，时常会发生这样的情形：“这家伙的话不能相信，我要特别当心。”如果采取这种态度对待属下，结果往往会犯下严重的错误。

关于这点，再以刑警和新闻记者为例。按常理，他们须到现场勘察，再对整个事件做分析整理。不过，如果事前已听到属下或同事谈起，再到现场时，不免就会先入为主，误认事实的真相。

连这些受过专门训练的人都可能会犯这种毛病，何况是一般未接受专门训练的人，误认事实的比例当然更高。

据此，判断说者的话或报告书之前，必须先区分哪些是事实，哪些是主观臆想，同时须一面听一面整理，才能掌握正确内容。在知道对方说的哪些是真话，那些是假话后，便可以进行有针对性地说服。

注意反复出现的小信号

如果你想看清对方的本质，一定要注意反复出现的信号。对谈话感到无聊的人，肯定不会只表示出一次无聊的信号，这个信号会反复出现。例如，不停地用指尖敲桌子，不停地摇晃椅子，反复看表，一直盯着门口看，眼睛在无关紧要的地方飘来飘去，等等。

如果对方只用指尖敲了一次桌子，你就认为对方感觉无聊了，未免有些武断。只有对方反复做类似的动作时，才能下定论。

在判断对方的真实想法时，要以信号“反复出现”为判断标准。假如一个人具有领导能力，肯定不会只发挥一次，在许多场合我们应该都能观察到他在运用这种能力。

人的性格以及行为模式具有很大的连贯性，不会在朝夕间发生巨大的变化。只要注意这种连贯性，就能轻易看清对方的内心世界。内向的人会反复表露出内向的特点，外向的人会反复表现出外向的特点。对方性格特点的连贯性会告诉我们他的真实想法。

美国堪萨斯州立大学的心理学家杰姆斯·萨特博士，也将“反复出现”作为正确判断一个人想法的条件之一。他认为通过反复确认，能更准确地把握对方的真实想法及情感。

大家千万不要认为不费吹灰之力就能看透一个人的内心。

“他或许是这样的人。”

大多数情况下，这只是你个人的猜测，不表示你已经准确理解了对方的内心。即使是一流的心理咨询师，为了能准确把握来访者的想法，也需要反复和他面谈，更何况非专业人员。特别是初次见面时，很难在几分钟内洞察对方的真实想法。

但只要注意观察对方的动作，就能发现明显的特征。之所以明显，是因为它会反复出现。不管是口头禅、小动作，还是对方喜欢使用的某一个词，抓住反复出现的线索，肯定能从中看透对方的想法。谈话时，要注意对方反复出现的动作。

香港电影《赌神》里面，人们为了打败赌神，就在闭路电视里特意观察他的一举一动。结果，赌神识破了这一伎俩，故意在关键时刻摸一下戒指。这一动作反复出现，成了赌神的标志性行为。可惜，这只是个烟幕弹。

当然，这只是虚构的电影，但其中的道理却值得我们反思。

第四章　学会得体表达，一句话让人点头

得体的话是打动别人的关键。说服最考验一个人的口才能力。一个人说服力，不在于他善不善于言辞，而在于他能否在短时间内，得体地表达自己的观点。许多时候，说服他人，不在于我们讲了多少话，而在于我们讲的话中有多少是有用的，是新颖的，是能震撼人心的。

迂回前进，曲言婉至

在劝说中，有时要有意避开对方的讳忌点，绕道而行，选择对方感兴趣的话题谈起，不要过早地暴露自己的意图，按照预定迂回路线，步步靠近。当对方跟着你走完一段路程的时候，对方已经不自觉地向你的观点投降了。这也就是曲言婉至的妙处。

伽利略青年时就立下雄心壮志，要在科学上有所成就，他希望得到父亲的支持和帮助。

一天，他对父亲说："父亲，我想问你一件事，是什么促成了你同母亲的婚事？"

"我看上她了。"

伽利略又问："那你有没有娶过别的女人？"

"没有，孩子，老天在上，家里的人要我娶一位富有的太太，可我只对阿玛纳蒂姑娘钟情，我追求她就像一个梦游者，要知道你母亲从前是一位姿艳动人的姑娘。"

伽利略说："这倒确实，现在也还看得出来，你不曾娶过别的女人，因为你爱的是她。你知道，我现在也面临着同样的处境。除了科学以外，我不可能选择别的职业，因为我喜爱的正是科学。别的对我毫无用途！难道我要去追求财富、追求荣誉？科学是我唯一的需要，我对它的爱有如对一位美貌女子的倾慕。"

父亲说："像倾慕女子那样，怎么能这样说呢？"

伽利略："一点不错，亲爱的父亲，我已经18岁了。别的学生，哪怕是最穷的学生，都已想到自己的婚事，我可从没想到那上面去。我不曾与人相爱，我想今后也不会。别的人都想寻求一位标致的毕安卡，或是一位俊俏的卢斯娅，而我只愿与科学为伴。当人们提及婚姻方面的事情，我就感到羞臊。”

父亲没有说话，仔细听着。

伽利略继续说：“我亲爱的父亲，你有才干，但没有力量，而我却能兼而有之！为什么不能设法达到自己的愿望呢？我会成为一个杰出的学者，获得教授身份。我能够以此为生，而且比别人生活得更好。”

父亲说：“可我没有钱供你上学。”

“父亲，你听我说！很多穷学生都领取奖学金，这钱是公爵宫廷给的。我为什么不能去领一份奖学金呢？你在佛罗伦萨有那么多朋友，他们对你不错，会尽力帮助你的。也许你能到宫廷去把事办妥。他们只需要去问一问公爵的老师奥斯蒂罗·利希就行了，他了解我，知道我的能力。”

父亲被说动了：“嗯，你说得有理，那是个好主意。”

伽利略抓住父亲的手，猛力摇动：“我求求你，父亲，求你想方设法，尽力而为。我向你表示感激之情的唯一方式，就是……就是保证成为一个伟大的科学家。”

伽利略最终说动了父亲，他实现了自己的理想，成了一位闻名世界的科学家。

适当运用含糊的方法

含糊地表达，可以有两个作用：一是把话说得很委婉，另一个是给别人留下思考的时间。这样对方稍一衡量，利弊就出来了，说服的目的也就很容易地实现了。所以说，含糊法也是一种常用的说服方法。

在公关语言中运用适当的含糊，这是一种必不可少的艺术。办事需要语词的模糊性，这听起来似乎是很奇怪的。但是，假如我们通过约定的方法完全消除了语词的模糊性，那么，就会使我们的语言变得十分贫乏，使它的交际和表达的作用受到限制。

例如：某经理在给员工作报告时说："我们企业内绝大多数的青年是好学、要求上进的。"这里的"绝大多数"是一个尽量接近被反映对象的模糊判断，是主观对客观的一种认识，而这种认识往往带来很大的模糊性。因此，用含糊语言"绝大多数"比用精确的数学形式的适应性强。即使在严肃的对外关系中，也需要含糊语言，如"由于众所周知的原因"，"不受欢迎的人"，等等。究竟是什么原因，为什么不受欢迎，其具体内容，不受欢迎的程度，均是模糊的。

平时，你要求别人到办公室找一个他所不认识的人，你只需要用模糊语言说明那个人矮个儿、瘦瘦的、高鼻梁、大耳朵，便不难找到了。倘若你具体地说出他的身高、腰围精确尺寸，倒反而很难找到这个人。因此，我们必须至少在办事说话时放弃这样一种观念："较准确"总是较好的。

现代文学大师钱钟书先生，是个自甘寂寞的人。居家耕读，闭门谢客，最怕被人宣传，尤其不愿在报刊、电视中扬名露面。

他的《围城》再版以来，又拍成了电视，在国内外引起轰动。不少新闻机构的记者，都想约见采访他，均被钱老执意谢绝了。一天，一位英国女士，好不容易打通了钱老家的电话，恳请让她登门拜见钱老。钱老一再婉言谢绝没有效果，他就妙语惊人地对英国女士说："假如你看了《围城》像吃了一只鸡蛋，觉得不错，何必要认识那个下蛋的母鸡呢?"洋女士只好放弃了采访打算。

钱先生的回话，首句语义明确，后续两句："吃了一只鸡蛋觉得不错"和"何必要认识那个下蛋的母鸡呢?"虽是借喻，但从语言效果上看，却是达到了"一石三鸟"的奇效：其一，是属于语义宽泛，富有弹性的模糊语言，给听话人以寻思悟理的伸缩余地；其二，是与外宾女士交际中，不宜直接明拒，采用宽泛含蓄的语言，尤显得有礼有节；其三，更反映了钱先生超脱盛名之累、自比"母鸡"的这种谦逊淳朴的人格之美。一言既出，不仅无懈可击，且又引人领悟话语中的深意，格外令人敬仰钱老的品格与大家风范。

学会巧妙地岔开话题

在说服他人的时候，如果某个话题，或是观点，对自己的说服不利，这时，我们想到想岔开话题，但对方兴致正浓。你该怎么办?

拒绝了，不礼貌；勉强谈下去，又感到很为难。在这种情况下，最好的方法是在不知不觉中巧妙地把话题岔开，重新开始一个话题。这样既不会伤害到对方，又可以将自己从困窘中解脱出来。

常用的岔题方法有如下几种：

1. 一词多义

日常交谈用语中绝大多数的词是多义的，换一种词义避开不快的话题。

2. 同音异义

在现代汉语中，同音异义字很多，音同义不同或音相近而义不同，这在书面语言里不易混淆，但由于交谈是以声传义，不见字的形体，这就有了相当的含混性，利用这种含混性，就可以巧妙地把话题岔开。

3. 相近概念

日常用语中很多词所表达的概念没有明确的界限，常常带有一定的模糊性。利用这种模糊性，就可以把话题中某些概念转换为与它相近的另一个概念，岔开原来的话题。

4. 眼前景物

交谈是在特定的环境中进行的，凡能进入视觉、听觉范围内的一切，都能吸引谈话者的注意力，随时成为交谈的话题。特别是当这些事物发生急剧变化时，在强烈心理震动下，人们常常会下意识地中断谈话去关注正在发生的激变，这就为改变原来的话题提供了可以利用的机会和可供转换的新话题。

5. 好奇心理

求新好奇是人们普遍的心理要求。交谈中的话题至少有一方是感兴趣的，如果能再提出一个更新更有趣的话题，利用好奇心理，就可以把对方的谈兴吸引过来，自然地抛开原来的话题。一旦对方的注意力被吸引过来了，话题也就如你所愿地改变了。

岔题方式还有很多，无论哪种都是利用注意指向、注意中心的转移。因此，在岔开话题时，应注意下述几点：

首先，要隐蔽一点。

交谈中的岔题，有如魔术师的魔术表演，总得借助一点遮掩的东西才好。一词多义、同音异义、相近概念、眼前景物、好奇心理等，都包含着隐蔽的因素，能模糊对方注意指向，分散对方注意力，使其自然而然地、不知不觉地离开原话题，进入新的注意中心。

其次，要找相邻的话题。

岔题以邻近为好，有一定范围限制。在同一时间内，人的注意范围有三个区域：注意中心、注意边缘和注意以外。在这三个区域里，大脑皮层兴奋程度依次减弱，抑制程度依次增强。注意中心与注意边缘是经常变化的，处于注意边缘的事物随时可能成为注意中心，而处于注意中心的事物则随之退到注意边缘。

至于注意以外的事物，没有强烈的刺激作用，要成为新的注意中心是比较困难的。所以在邻近范围内选择新话题，使之成为注意中心的可能性很大，更容易被对方接受。

再次，岔题要抓准时机。

一般最好在一个话题刚刚提出，尚未展开时就机敏地选择岔口，把话题岔开。这是因为刚刚提出的话题，虽然成为注意中心，但相应区域的大脑皮层刚刚兴奋起来，未被强化，稳定性差，易被新的话题置换。

反之，话题一旦展开，注意中心已被强化，大脑皮质的兴奋区域处于优势状态，稳定性强，不易发生偏移，用新话题去置换原来的话题就困难了。在交谈过程中，一个岔题机会出现，如不能及时抓住，往往是稍纵即逝。

最后，让新话题超越原来的话题。

用以岔题的新话题，在自身的新奇性和对方需求性方面，都要大大地超过原来的话题，才能收到良好的效果。新话题刺激强度愈大，对原来话题的注意淡化愈快，岔题愈容易成功。

我们这里所讲的岔题艺术，是在交谈中正确运用的心理活动规律，巧妙地避开一切不利因素，促使交谈在和谐热烈的气氛中顺利进行。这与谈风不正的“乱打岔”是有本质区别的。

巧用歧义达到间接说服的目的

歧义，是语言中的一种常见现象。歧义的发生，有多种原因，比如一音多字，一字多义，同音谐音，同言异义等。同一句话，不同的场景，不同的人物，不同的心态，不同的情绪都会有不同的理解。出于说服的需要，人们又可利用语言的多义性特意制造歧义，利用歧义，巧钻空子，以达到说服的目的。

清代河南济源县人卫哲治，当过沭阳县和赣榆县的县令，他为官清廉，铁面无私，除暴安良，被老百姓称作“卫青天”。乾隆皇帝因他为官清廉，将一块写有“安民为本”的御书匾额赐给他，并提升他为海州知州。

卫哲治还未上任，海州告发洪发云的状纸已有一大摞。他让跟班的先去海州做些安排，自己化装成测字先生，独自从赣榆出发，一路私访到海州。

原来，洪发云是海州洪门寺的主持，他依仗自己是乾隆皇帝的亲戚，勾结官府，抢占田地，欺男霸女，无恶不作，害得很多百姓家破人亡。一路上，卫哲治听到了人们诉说洪发云的种种罪行，不由得怒火中烧，决心要为黎民百姓除掉这一害。

卫哲治到任的第二天，告状的和围观的百姓就把州衙围得水泄不通，卫哲治一看状纸，又有很多是告洪发云的。于是，卫哲治扔下签牌，传审洪发云。

洪发云大摇大摆地走进了公堂，卫哲治摔下状纸给他看，他看看状纸，毫不在乎地冷笑了一阵。

卫哲治厉声问道：“洪发云，你知罪吗?”洪发云冷笑道：“你能把我怎样?”卫哲治喝道：“洪发云藐视国法，先重打五十大板，煞煞他的威风。”衙役们一顿重板，打得洪发云大声喊叫起来，还没有用大刑，他便画押招供了。

卫哲治将处决洪发云的奏本，叫人用快马送往京城。半个月过去了，一直不见动静。卫哲治正猜想间，驿站快马送来圣旨，命他速去徐州见驾。卫哲治暗暗吃惊，立即连夜赶往徐州。

乾隆一见卫哲治，首先就问洪发云怎样了。卫哲治历数了洪发云的桩桩罪恶后，奏请乾隆开斩洪发云，以平万民之愤。

乾隆听得不耐烦了，就说：“朕知道了，洪发云乃出家之人，罢了，罢了。”卫哲治听了，起初心里一凉，转眼间脑子一动，十分高兴，忙叩头：“臣卫哲治遵旨。”

卫哲治回到海州，传令从死牢里提出洪发云，拉到西门外处死。老百姓听说后，整个海州城几乎有一半人都来观看。

卫哲治命军校在刑场中间挖了一个坑，把洪发云埋到里面，只露出一个头。然后又命令刽子手把两头犍牛套上铁耙。午时三刻一到，卫哲治高喊“动刑”，只见刽子手赶起犍牛，犍牛拖着重重的铁耙，从洪发云的秃头上耙了过去。海州城的百姓看了，无不拍手称快。

卫哲治耙了洪发云，用木匣装着洪发云的脑袋，赶往徐州行宫去见乾隆。乾隆听说耙了洪发云，气急败坏地问：“是谁的主意？”卫哲治装作惊奇地说：“启禀万岁，不是您亲自下旨，要我把洪发云‘耙了，耙了’的吗？”乾隆皇帝愣了半天，哑巴吃黄连——有苦说不出。

乾隆所说的“罢了，罢了”，由于是用说话表达的，就让卫哲治巧妙地钻了空子。乾隆的本意是：“算了，不必追究了。”可是卫哲治利用“罢”和“耙”同音，把乾隆所说的“罢了，罢了”歪解为“耙了，耙了”，于是就把洪发云“耙了”。卫哲治利用“ba”这个音的歧义巧钻空子，为民除了害，弄得乾隆有苦说不出。

消除对方的成见，再让他“信”你

如果对方对你怀有成见，本来就很难说服的事情又难上加难。要使对方信服，首先要消除成见。

有些人由于某种成见，对某人怀有先入为主的固定看法，话语常常不投机，别人就有反感。这种现象常常表现为：

1. 在谈论中突然离座，或故意装作若有所思把脸歪到一边，不正视对方；

2. 谈话逐渐逼近正题时，他忽然提出另一个话题；

3. 使用不合时宜的客气话；

4. 捏造歪理，对别人的话逐句加以毫无道理的反驳；

5. 绝口不提对方的姓名。

如果遇到这种情况，被反感的一方可采取某些对付的办法。比如，对方的反感太激烈，你将难以开口，务必先设法消除对方的反感，再进入话题。

当对方地位比你低时，要来个“下马威”，开口就说：“哎呀，真没有想到您这么讨厌我”用这种话表示你容忍他，接受他，会使对方发觉：“你知道他有反感，”对方就不得不对你的话有所反应，也许会说：“不，绝对没有这回事。”或说：“请别这么说，你这是误会了。”这样，对方的气势就被你压下去，对你要另眼相看。

当对方的地位比自己优越时，你可以以柔克刚，说：“很抱歉，没想到我也值得你放在眼里。”之类的话，态度要显出谦卑样子。即使对方摆出不屑一顾的态度，你也要一如既往，对方会被你的诚意感化，反感势必逐渐减少。

当双方地位相当时，如果对方故意显出轻视的态度，多是抱有“看这家伙对我的轻视做何反应”以及“试试看”的想法。如果你稍有不满的言语或态度，他的反感就会有增无减。如果你一直是客客气气的表现，对方就产生了“这人不一般”的想法。例如，有一位歌星一次在马路上碰到一个男人向她搭讪。她对那个男人印象不怎么好。她不知道这个男人是个演员，和她搭讪目的是让她“客串”一个节目。后来，那位演员打电话告诉她：“很抱歉。没办法让你这样的人成为演员，过错在我身上。务请给我再见一面的机会。”由于这个电话问候得体，结果歌星摒弃前嫌，反而对对方抱有好感。因此，当对方显出反感，如果另一方能表明“原因在我”，就能够使对方的反感转为好感。所以，要根据具体情况，既要使对方发觉你知道他对你有反感，又要自始至终采取保全对方面子的态度。当你说服有反感的人，先不要说出自己的理由，可以反过来利用对方“试试反应”的策略，当对方提出若有其事的道理，你也要若有其事地暂时容忍。在进入正题之前，可以先承认“过错在我”，借此消除反感，以使反感转向好感。

要使对方放弃成见，你可以对任何无聊的成见暂时不加反驳。因为所谓的成见，无不夹杂着个人狭隘的成分。所以，不要正面澄清，可以设法提醒他站在更广阔的视野去思考。要达到这种目的，可以不触及成见或先说一些边缘的话题。精神疗法中的一个技巧，就是“不触及面临的问题”，只谈与这个问题有关的“边缘的问题”，借以使对方接受“浸透作用”，而转变意向。这个方法可以借鉴。实践证明，不要以言语触及对方的成见；或设法使对方把先入之见说出来；不管对方的成见有多么无聊，都不要直接辩驳；从许多貌似无关的边缘性话题谈起，效果很好。

心理学上还有一条重要经验，即不专门去提出对对方来说是

"意外"的事，可以使对方不知不觉受到某种暗示，产生不妨一试的念头，从而改变对方的知觉。比如，由听觉变成视觉，使感觉器官替换之后，让对方感觉自己的先入之见是错的。有时候，不妨利用对方的成见，来个反扭式说服。或者暗示对方的成见是一种"例外"。如果对方的成见与某种印象结合在一起，就不经意地举出完全相反的新例，打破原来的恶劣印象。如果能把双方的共同点明确化，对方就算有什么偏见，也能得到解决。例如，生活中的许多能言会说的"媒婆"精于应变之道，就是善于抓住某些特点，大说其理。

明知对方有偏见，故意把自己的观点说成"偏见"。让对方在听你的"偏见"中对镜自照，得以反省自己。这样，以它作为立脚点，逐渐扩大沟通的范围。因为先声明自己的想法可以是偏见，如此暗示彼此的不同点，可以让对方抛弃偏见。人的观念是经过反复刺激留下印象而形成的。人，面对某种反复刺激，会在大脑中烙下某种痕迹，形成某种观念。有人说："同一个音或同一种语型的重复，可以强化为人所接受。"因此，要去掉对方的成见，可以不断重复某一点，使对方摆脱先入之见，形成新的印象。

一般来说，人们都不喜欢心中有疙瘩，与他人反目。如果你能善于自动提供"言好如初"的机会，对方自无拒不合作之理。可是有许多人不懂得这一点，例如有不少上司，把部下的反感当成小事。这种自高自大的做法，实在令人不可理喻。下属并不是值得仇视的敌人。站在做事的更广大的视野去看，他也许是伙伴、知音。如能除去心理上的成见，下属对你会产生某些程度的好感，容易造成共同的目标，心胸更加开阔使对方消除反感，否则，这将是一种损失。

以退为进，控制好交锋的节奏

著名作家马克·吐温在其长篇小说《镀金时代》里，大力抨击美国政府的腐败和政客、资本家的卑鄙无耻，引起了平民百姓广泛的回响。

一天在酒会上，记者追问马克·吐温对官员们的看法，马克·吐温一气之下说："美国国会中有些议员是没有道德的。"

这句话见报后，议员们大为愤怒，纷纷要求马克·吐温公开道歉或予以澄清，否则，将诉诸法律。

马克·吐温毫不惧怕，在另一个场合里，当记者请他就此事发表谈话时，他说："前一次我在酒席上发言说：'美国国会中有些议员是没有道德的'，事后有人向我兴师问罪。我考虑再三，觉得此话不适当，现在郑重声明，我上一次的谈话应更正为：'美国国会里，有些议员不是没有道德的。'"

表面上，马克·吐温的"郑重声明"似乎对原话作了"更正"，似乎是有所让步，但实际上，他仍坚持自己的观点，让议员们抓不到话柄，避免议员的无谓纠缠，同时也更巧妙地表达了对部分腐败官员的痛恨和抨击，坚持自己的观点，不愧为一代幽默大师。

晏子是齐国有名的辩士，有一次，齐王派晏子出使楚国，在酒席上，狂妄蛮横的楚王见晏子身材矮小，便出口嘲弄他："难道齐国没有人了吗？怎么派你这样的人来当使臣？"面对楚王的挑衅，晏子不慌不忙地回答："齐国首都大街上的行人，只要举起衣袖，就能把太阳遮住，人们流的汗像雨一样，走起路来肩并着肩，脚尖碰着脚跟，怎么会没人呢？"

楚王继续揶揄地说："既然有那么多人，为什么派你这样的人当大使呢?"

这时，晏子就采用了"欲进先退"的诡辩术，故意说："是呀，我们齐王委任使臣是有规定的，最有本领的人，就让他出使到最贤明的国君那里去，没有本事的，就出使到无能的国君那儿去，我因为无才又无貌，才被派来出使贵国。"

晏子首先承认楚王对他的所有批评，这是他的"退"，接着说齐王派使者的规定，得出的结论是"正因为我无能，所以被派到了最不贤明的楚国国君这里来。"这种"欲进先退"的诡辩术既保住了自己的国格和人格，同时又给楚王极大的讽刺和打击，让他不得不对晏子另眼相看。

一时的退却并不代表绝对的失败，因为伴随退却而来的，往往是更有力的出击。

在唇枪舌剑语言交锋的当口，一味强攻急进是不明智的，就像挥拳之前要先收回拳头一样，有时为了有力的出击，需要适时的收敛。只有牢记目标，洞察进退的利害，把握进退的时机和分寸，以退为进，才能掌握辩论中的主控权，稳操胜券。

运用妙喻说理术说服对方

妙喻说理术，是舌战家最常用的谋略武器之一。为了引导对方认识某个道理，需借助某一个类似的事物加以说明和描述，能把抽象的道理说得具体，能把深奥的哲理讲得浅显，能把生疏的事物说得熟悉。

妙喻说理术是古今舌战家最常用的武器，是舌战谋略的精华、交战的“常规武器”。

妙喻说理术以生动鲜明的喻体吸引对方去思考，往往能使对方冷静深思，豁然顿悟。

庄周是战国时期著名思想家，他一生过着清贫的隐居生活。一天，庄周的家里又揭不开锅了，妻子叹息着一再催促庄周出去想点办法。庄周万般无奈，决定到他的好朋友监河侯那里去借点粮食，以解燃眉之急。

事不凑巧，监河侯正在忙于收拾行装准备外出，见到庄周连忙寒暄：“多日不见，庄兄大驾光临，不知又有何见教？”庄周直截了当地讲明了来意。监河侯说：“借粮之事好商量。我正要进城收租金，等我收完租金回来，再借给你 300 两银子，好吗？”说完，就要动身上路了。

庄周听了监河侯的回答，心里又气又急。心想，你到城里来回一趟要半月之久，等你回来，我一家老小岂不是全饿死了吗？

好在庄周的口才远近闻名，他略一思索，对监河侯说：“仁兄且慢，你陪我喝完这杯茶再走好吗？”监河侯无奈，只好又坐了下来。

庄周一面喝茶，一面对监河侯说：“昨天，在我离家来你处的路上，听到有呼救的声音。我四处张望，并未看到有什么异样的情况，最后，在路旁的一道曾经积过水的干水沟里，发现一条快要干死的小鱼，在那里张大嘴呼救呢。于是我问它：‘小鱼呀小鱼，你从哪里来，怎么变成这个样子呢?’小鱼回答我说：‘我从东海来，现在快要干死了，你能不能给我一小桶水，救我一命呢?’我回答它说：‘要水吗?这好办，你等着，我去见越国和吴国的大王，请他们设法堵住西江的水，然后，把西江的水引来迎接你回东海，好吗?’小鱼听了很生气地说：‘我在这干水沟里快要干死了，只要一小桶水就能活下去。如果照你的打算，等到西江水引来的时候，那就只能到卖干鱼的货摊上找我了。’”

听到这里，监河侯羞得满脸通红，立即吩咐家人，到粮仓去满满地装了一袋粮食，借给庄周。庄周接过粮食，谢过监河侯，兴冲冲地回家了。

在这个故事中，庄子对朋友的冷淡并未斥责，也未哀求，而是以故事的方式巧妙比喻，让监河侯自己去领会言外之意，收到了极好的效果。

妙喻说理术的妙用，能使善辩者以一个比喻，战胜百万之师，是克敌制胜的绝招。

季梁听到魏王要攻打赵国邯郸的消息，赶去拜见魏王，说：“今天我来的时候，在大路上看到一个人，正驾着车往北赶，他告诉我说，想到楚国去。我说：‘你要去楚国，为什么往北走呢?’他说：‘我的马好!’我说：‘马虽然好，这不是通往楚国的路呀!’他说：‘我的盘缠多。’我说：‘钱虽多，这还不是通往楚国的路啊!’他又说：‘我的车夫本领高。’这几个条件越好，而离楚国的目标越远!今天大王想成霸业，须举信于天下。但你仗着国力强大、军队精锐而去攻邯郸，以此扩大土地，提高威望。大王做的事越多，离称霸的目标反而越远!这和那人要去楚国却往北走一样啊!”终使魏王改变初衷。

妙喻说理术以形象生动的比喻，说明难懂的道理，在辩论中有极强的说服力量。

说服他人的十大原则

在与他人打交道的过程中，谁操纵语言的能力强，谁就可以做一个主动者。当然，这并不是要你去做一个统治者，而是让你迅速达到你想要达到的目的。

关于说话的技巧，这里列出十项原则，这十项原则，不但能使你了解对方，同时也能帮助你了解自己。如果你能切实地去实行，你便能得到加倍的力量。

1. 你与对方交谈时，一定要以彼此都有兴趣的事作为话题，以问答的方式引起对方对事物的见解或意见。你应该明白，对方的见解与意见，也是与你的一样有价值、有意义。

2. 温柔的悄悄话，就是世间最有力量的话，它具有使人难以抗拒的说服力，并使人永远站在优势的位置。

3. 如果你想成为一位雄辩家，你就要随时注意并牢记别人所说的较有分量的话，或有以深刻印象的话和成语，这才是最有效的方法。但这并非是要你一味地去模仿别人而失去自我，而是希望你对于这类的话语更加注意，养成习惯，以帮助自己建立属于自己的新语言。

4. 应该婉转地表示出拒绝之意，尤其当别人令你为难的时候，你一定要有勇气让对方知道你的真正想法。某位企业家为了避免在有限的时间里受人打扰，就对所有的来访客人说："如果你能在几个小时前告诉我的话，我一定会为你安排好时间的。"

5. 数千年前的一位希腊诗人曾说过，"世界上没有比沉默更宝贵的东西了。"我们中国人也常说："沉默是金。"的确，这句话至今仍是为众人所信服的一个真理。

沉默，可以用冷静的头脑观察对方，如果你能洞察他人的心思，你就能轻而易举地把对方吸引过来。

沉默，可以使态度不友善或蛮不讲理的人，落入你预先准备好的陷阱里。对付顽固的人，以沉默的态度让他尽量发挥，他自然会逐渐不再坚持己见，转而要求你提出自己的意见。沉默使你不会说错话，不会做出虚伪与无意义的事情。对于对方来说，“静静地听”便是令他产生感激之情的最有效的办法。也许当时因为他自己正是滔滔不绝、口若悬河，因此没有注意到你正以体谅的心情在听他诉说，但是当他说话告一段落时，当他把心里要说的话说完的时候，他会感觉特别轻松，自然地他就会开始喜欢你，对你的沉默难以忘怀，并表示出感激之意。

话说完之后，便保持沉默，这就是最有效的说服力。你不妨试试看。

6. 面对表情严肃而僵硬的人，你不必害怕，反而要想：也许对方是为了隐瞒他的胆怯而毫无表情，是故作姿态，希望你先向他说话，表示出和善之意，所以你必须尽量向他表示好感，引起他的话题。当你如此做的时候，你一定会发觉彼此间的气氛愈来愈温暖，愈来愈融洽，而这是你训练说话的最佳场所，你可以使对方成为你最忠实的朋友。

7. 说话以让对方了解为最高原则，要能完整而清楚地表达出自己的意思，否则对自己正感到困惑不安的人，绝不会接纳你的意见，或赞同你的见解。

在你说话之时，他人通常会以两种态度来对待你，一是理解的态度，一是评判的态度，这就是你自我评价的基准。“人往高处走”是千古不变的法则，所以要希望自我评价得很高，或使他人对你有很高的评价，就必须经常自问：“他现在赞成我，但他是否已确实了解他将会得到的结果呢?”倘若对方赞成你是因为他已确实明了其结果，那么，此时你的力量已经对他发生了作用，你大可放心了。

8. 说话时，切勿太唐突或太客气，最好能营造出一个缓和而诚恳的气氛。

9. 对自己所要说的话，不必加以解释，或添加不必要的感情语句，有的时候要切记不要滥用“请”“对不起”“谢谢你”等客气的词句，因为往往这些词句会使你显得比较懦弱，不够强硬。太客气的话只能讲在必须讲的时候或者是不讲不足以显示文明素质的时候。

10. 当你说话时，必须将话题集中于一个目标，不要被一些细微的行为，或被对方反抗的态度所迷惑，要将所说的话当作是推进目的的工具。

西方有一则寓言，是这样描述有百兽之王之称的狮子的：一日，狮子在草原上寻找猎物，发现一匹斑马，便立即撒开四脚去追捕，而后又发现一只梅花鹿，它立刻放弃斑马，去追捕梅花鹿，而后又发现了羚羊、山羊、小羊等。只要看到新猎物，他就立即放弃旧的。追，又放弃，又追，又放弃，使它精疲力竭，却什么都没追到。最后又看到了一只小白兔，这时它想去追却已经无能为力了，小白兔便轻易地在百兽之王的爪下逃脱了。

这个寓言很明白地告诉我们，即使是力量强大者，也要在追求某一目标时保持合理的连续性，否则将一无所获。任何人想要获得某些东西时，也必须具备意志坚强、精力集中与恒心等美德，才能达成自己的目标。

我们要试图让他人接受你的意志时，也应该将说服计划建立在有系统、有目标的基础之上。当然，这并不意味着你必须显出严肃的神情。只有以从容的态度与轻松的心情去进行你的计划，才能收到预期的效果。

第五章　有逻辑地提问，让对方自我说服

想要说服别人，必须要善于提问。合理运用发问的技能，你的说服就建立在稳固的基础之上。因此，发问是说服的基础。在某种意义上，我们甚至可以说，提问能力直接决定了你的说服能力。也许每个人都会一些说服的原则和小伎俩，但不是每个人都会“一针见血”地发问。尖锐地让对方无法辩驳的问题才是强大说服力的表现。因为，问对问题，对方才能答对话。

问题怎么问，结果大不同

问题能够引导一个人的思想，很少有人会愿意被人说服，你要说服一个人，最好的方式就是让他自己说服自己。用什么方式让一个人说服自己，只有借助问题。

许多人都有被说服的经历，常见的场景是这样的：

“李先生，请问一生当中对你来说最重要的是什么？”

“家庭。”

“家庭是不是对你很重要？”

“是。”

“那今天你认为在你的家庭当中，你有没有责任去让你的家庭过得更幸福更快乐？”

“有。”

“既然如此，那你是不是认为，应该做一点对家庭、小孩更有意义的事情呢？”

“当然了。”

“那假设我有方法能够让你很好的长远地为你的家庭做一些考虑，你有没有兴趣了解一下？”

……

说服高手借助一连串的问题，来引导被说服者思考，直至，成功把自己的服务或产品推销给了对方。

其实，只要细心观察你会发现，说服能力强，沟通能力强的人，往往都是说的少，问的多。反之，如果一个人只是讲，很少提问，那他的沟通能力也强不到哪里去。

有些人可能会说，我上次碰到一个人，能说会道，虽然这种人很会说话，但是我很反感他。为什么会这样？就是因为只说不问，不懂得用问题去引导别人，所以，他的说服力就差。对沟通高手来说，他们的说服逻辑是：说服就是问问题。

下次，如果别人不答应你一个小小的要求，或是拒绝你的某些合理的建议时，就不要再强势去说服，而要改用一些隐性的方式，即用问题去巧妙地引导，不知不觉把对方框到你的逻辑框架中。因为，“问题”隐含了“说服”的成分，只要你使用一点点的心理学在其中，就可以通过有技巧地问问题，解决很多生活及职场上的疑难杂症，甚至好的问题还能够促使别人做出改变。

可见，好的问题比命令更为有效，只要善用问问题的技巧，就可以让说服变得得心应手。通过问题来引导对方的思维，应该注意以下几点：

1. 尽可能把答案藏在问题里

在沟通过程中，我们对于大多数的事情其实没有强烈的主观意见，常常是在被问到问题的当下才开始真正思考。这样，就存在很大的空间让问问题的人发挥，运用诱导或暗示的方法引导对方说出你设定好的答案。

毕竟，每个人都特别在意别人对自己的看法，所以在回答一个自己也还不太确定的问题时，会思考“我这样回答对方会怎么想呢?”这个时候如果对方在问题里预设了答案的“倾向”，就会让人不自觉想要往那个答案靠拢。

比如，今天你想要让客户亲口称赞你提供的商品，于是你问客户：“您觉得这个产品如何呢？合您的意吗?”很容易得到这样的不确定性回答：“这个嘛，好像也还好，怎么说呢?”但如果是这样问：“您觉得这个产品如何呢？设计师的设计简洁又环保，价格也实惠，是吧?”大多数的人都会不知不觉顺着你的话回答：“是啊，真的很不错。”

2. **麻烦别人，先要称赞对方**

想要麻烦别人，却常常被婉拒吗？下次要提出要求时，不妨先提高对方的自尊心，人在被抬高身价的时候，通常都会很乐意听你的要求。所以你可以在提出要求之前先称赞对方，接下来在请求帮忙的时候，成功率就会大增！

“你的PPT做得太棒啦，哪像我那么笨都不会用，可以请你来帮我看一下这个部分要怎么设计会比较好吗？”

“你的经验比我丰富，可以帮我一些忙吗？”

像这样的问法，大多数人都会不好意思拒绝，因为要是拒绝的话，好像上面那句称赞的话就打了折扣。

3. **善用投影法与“两段式“提问**

大多数人都遇过这种情况，有时候问对方意见或态度，对方虽然回答了，却往往因为有所顾忌而不说真心话。或是有时候回答者太过乐观，而说出不切实际的回答，这时候可以用“投影法”跟“两段式提问”来解决。

投影法：当人在被问问题时，会在意“如果我说实话，是不是会让别人有不好的印象？”所以可以利用“投影法”，把事情当成是别人的事来问，虽然看起来像是谈论别人，却会反映出自己的意见。如果你想问的是，“你是诚实的人吗？”可以试着把问题拉远：“你觉得大部分的人都诚实吗？”

两段式提问：有时为了让回答者的答案不要太过于不切实际，先问对方“理想状况”，再问对方“实际情况”，这样的问法会让对方在回答第2个问题时，一定会给一个比“理想状况”更糟糕的回答，同时也更接近实际上的状况。

“你希望这个案子在多少预算以内解决呢？”

“20万。”

“那实际上你觉得会花到多少钱？”

“如果可以不要超过 40 万就谢天谢地了。”

而事实上，他在这个案子花上 60 万都有可能。

说服的奥妙，不是强行灌输观点，而是以退为进地把想法植入对方心中。正确的提问，能够让对方主动地去思考“为什么要这样做”，从而自己说服自己去做这件事。所以，问问题会影响说话的结果，问法会改变说服的结果。

有质量的问题会使你占尽先机

见面之时首先发问，正像两个武功高手对决，先出剑者往往能占得上风。以下是一个年轻人到某银行的一个实力雄厚的分行担任行长的故事。

分行行长确实非常年轻，一点都没有威严。银行中经验丰富的老职员们都发牢骚说："难道就让这么个毛头小子来指挥我们?"

但是，分行行长一到任，就立刻把老职员们一个个找来，连珠炮似的问起了问题：

"你一周去旺旺食品公司考察几次？每个月平均去几次?"

"制药公司的职员是我们的老客户，他们在我们银行开户的百分比具体是多少?"

……

就这样，这位年轻的分行行长问倒了所有资历深厚的老职员。

如果你想在和对方的谈话中占住上风，就应该提前准备很多估计对方根本回答不上来的问题，连续地向他发问。若对方确实回答不了你的问题，那就证明你已经占了上风。

有研究者认为，这种连珠炮似的发问就像"蜜蜂振动翅膀发出的令人烦躁的声音"一样，可以叫作"蜂音技巧"。这是一种用让人心烦的聒噪之声来驳倒对方的战术。人们对于涉及详细数字的问题，都不可能立刻回答出来，所以这个战术是十分有效的。

假如对方一下子就回答出来，那就继续追问"除此之外，你还能举出什么例子吗”等问题，直到对方哑口无言。到最后，对方一定会回答不出来的。

持续向对方提出难以回答的问题，叫就做“蜂音技巧”。

根据美国的心理学家库库博士关于律师的辩论技巧的调查，我们发现，不管三七二十一先连珠炮似的向对方发问是一个驳倒对方的有效办法。律师们在没有关键证据的时候，先向对方问个不停，目的是为了让法官和陪审员看到对方张口结舌、回答不上来的样子。这样，对方会自乱阵脚，口风也就把不住了。

故意问对方你知道的事情，也许会被认为是不怀好意。但是，问题攻势的目的是使对方丧失气势，所以你绝对不要心软，要尽量使用这个办法。

如果商业谈判的对手阅历比你丰富，学历比你高，你可能会觉得非常没有自信。在这种己不如人的场合下，就要使用蜂音技巧。当你看到对方面露难色的时候，你肯定能逐渐平静下来，恢复自信。

其实，任何人不管多么博学，都经不住哪怕是小孩子的一百个提问。

既然通过蜂音技巧展开问题攻势的目的是驳倒对方，那么一定要切记，所提出的问题要抽象、模糊，尽量找对方不好回答的问题。我们举一个日常生活中的例子，来说明问题。

为了驳倒对方，你应该像下面例子中的“小芳”一样，用问题步步紧逼地问对方：

小芳：你到底爱我吗？

他：当然了。

她：那你爱我哪一点？

他：这个……

她：你既然爱我，可有证据？

他：证据？让我想想。

她：哼，还要想？没有证据，那我怎么相信你是真的爱我啊？

他无语了。

好问题是“心灵的捕手”

大量的科学研究发现，提问在说服过程中都是非常重要的一个方面。提问就像一把万能的钥匙，带你走进对方的世界，于无声无息处偷走对方的心。我们可以把提问叫作“心灵捕手”。

我们身边充斥着很多语言类、聊天谈话类的节目，有的节目你看了又看，仍然觉得耐人寻味；有些节目不会让你在上面多浪费一分钟的时间。是什么导致这样不同的结果呢？——提问。好的提问紧紧抓住被采访者的内心，也牢牢抓住了观众的眼球。

对于我们的平常生活，提问也有着举足轻重的作用。都有哪些作用呢？

第一，恰当的提问让你掌握谈话的主动权。

这是提问最直接也是最明显的一个优势了。无论什么情况下，你的提问至少能引起对方的注意，让对方的思路跟着你走。如果接下来的谈话愉快的话，主动权就牢牢掌握在你手上了。我们上学时，最怕的就是老师的提问了。因为老师总是比你知识渊博，你不清楚他到底问哪一段，因此极度恐慌。但如果是我们问老师问题呢？其实，老师也会害怕的。老师只是在某个方面比你知道得多，其他方面，就不一定了。因此，谁来提问，谁就占尽优势。

第二，提问让事情出现转机，为你赢得更多时间。

当你提了一个问题之后，对方总是会先想想自己的答案再说出来，这也就恰恰帮助你赢得了更多的时间，有空隙去准备接下来的问题。在对方思考的途中，你还可以加以引导、补充式的说服话语，让对方向你倾斜。

第三，提问给了你倾听的机会。

谈话中倾听是非常重要的，不要以为说得多才叫说得好。提问后，对方肯定会整理思路和答案，同时你也要收紧心思听听对方的弦中之音和言外之意，有时没准会得到意外的收获。另外，用心聆听，也是对说话人的一种尊重。

第四，提问可以引导对方想你所想，思你所思。

“周星驰的电影真的很好看，不是吗?”这类反问无关某人的品德和对任何事件的影响，所以更容易得到对方的认可。“如果有白色的，一定比黄色的卖得更快，你肯定也喜欢白色是吗?”这就是一句引导式提问的经典话语。凭借这种提问，不仅让对方多一些对你的认识，也不知不觉跟着你的意识走，因为在大多数人的内心中，大众都接受的一定是好的，穿一件白色出去至少不会被人当作例子嘲笑，因为大家都喜欢白色的。这就叫作“从众心理”。

第五，提问使你们直抒胸臆，减少猜测。

双方的定论一般都是在讨论后得出的，而前提是有个好的问题设置者。互敞胸怀，直抒胸臆是最好的谈话方式。沉溺于猜测的拉锯战式问答只能让过程越来越长，使人们越来越没有信心。提问也让你显得对这个问题很重视，是深思熟虑之后才提问的。

第六，通过提问可以肯定对方的思维结果。

一问一答间能增进彼此的了解程度和友谊，使感情更加容易沟通。同时也更容易消除对方的疑虑，一旦对方说出了他们的心里话，尤其是当对方说出你想听到的答案时，你一定要及时地肯定他们的想法，进一步探寻对方的心思，这样离成功也就不远了。

第七，用提问理清自己的思路。

提问者往往是在思考之后，才提出问题的。没有仔细思考，是提不出有价值的问题的。此外，有一些问题不能直接说明的时候，我们可以用另一种提问的方式来问对方，隐讳的语言不仅不会使事情陷入尴尬，还能让对方无所遁形。而且最奇妙的是，事情往往在这时有了转机，自己的思路也更加清晰了。所以，提问也是一个趁机理清自己头绪的机会。

第八，提问让你的目的变得真诚。

为什么这么说呢？让我们来看看两个句子表达的效果就知道了。

“给我开一下门。”

“请问开一下门，好吗？”

“打扰一下。”

“可以占用你一点时间吗，我有事想问你？”

用提问的方式，话语间缠绕着一种柔和的魅力，这种柔和使对方不能拒绝你的要求。况且，你没有任何权利对别人发号施令，提问的方式能提升你的亲和力。

1930年，卡耐基组织专家、教授、学者进行了长时间的讨论，得出了一个符合心理学法则又能引导人们行动的提问结构，即“魔鬼公式”：

第一步，问出你想知道的实例和细节，生动地说明你想传达的意念；

第二步，以详细清晰的语言，问出你的重点，要对方做什么。

第三步，问问对方这么做是不是给自己带来了好处。

这一应用几乎被所有的口才书转载，当然这不是记住法则内容就可以马上会应用的。只有在实践的磨合中，你才能找到最适合自己的那套“魔鬼公式”。

提问要善用“因为”理论

“因为”是我们日常沟通中最常用的词汇之一了，大多数人都知道他是你解释某件事情的连接词，但除此之外，它还有你意想不到的妙用。

哈佛大学的心理学教授艾伦·兰格曾做过一个著名的实验，他以人们排队买票为背景，让两个志愿者以不同的问法去说服众多的排队者获得优先买票的插队权。

第一个人过去的时候对排队的人们直接说：“对不起，我能先买吗?”排队的人们献出了不屑的目光，没人给他让位置。

第二个人走进队伍后则说：“对不起啊，能让我先买吗，因为我赶时间，怕耽搁了事情。”结果，排在最前面的人给他让出了位置。

这个就是著名的“因为”理论。在以上的例子中，起关键作用的就是“因为”这个词。正是由于使用了这个词，让你的句子的整个语境都大大改变了。本来插队是一个让人非常反感的行为，而且前来排队的人一定心情都很焦虑，直接说“能否让我先买”当然会撞在枪口上，必死无疑。别人凭什么让你先买啊？拒绝是他们最直接的反应。

然而，用了“因为”这个词之后，一是把句子的坚硬变为变柔和，降低了人们的抵触情绪，使事情有了可以商量的余地；二是“因为”后面的词语往往给人一种论证充分的感觉，比如“因为很忙”“因为没睡好”“因为他在”……尽管后面的词并不是十万火急的场面，但只是加上“因为”两字就变得无法让人推辞和拒绝。

如果不相信的话，我们再看看下面几个场景，你一定就会明白“因为”的奥妙了。

妈妈常常抱怨小明把玩具乱摆一地：

小明：“妈妈，我每一个都想玩。”

小明：“妈妈，因为他们每一个我都很喜欢，想随时看见它们。”

用“因为”表达出来的句子总带着些请示和歉意的意味，听到这样的句子，没有人会无情地再责骂下去或者反驳你的小小请求。像例子中的妈妈本来是很生气地跟小明说话，而小明如果按第一种方式说的话，感觉生硬而且没有任何意识到自己错误的意思，妈妈听了肯定还要继续唠叨小明一阵子。而第二句加上“因为”后效果就不一样了，听到这样的回答，妈妈们都很难再生孩子的气，甚至会觉得调皮的孩子真可爱。

老板对下属说这次的结果又没达到预期目标：

下属：“肖总，工程太大不好弄。”

下属：“肖总，因为这次的工程实在是太大了，很难掌控。”

第一句的回答有很强的推卸责任的嫌疑，只是单纯地说出问题所在，不足以堵住别人的口。而且，这么说也会让人感觉是抱怨领导无能。而第二句的回答就好很多，有强烈的道歉意味，而且没有丝毫推卸责任的感觉，老板自然也不会“咬着”错误不放。

妻子抱怨丈夫回来太晚：

丈夫：“老婆，公司实在太忙了。”

丈夫：“老婆，因为公司很忙，所以晚上我们一直在讨论工作上的事。”

相信所有听到第一种回答的老婆都会觉得，这不过是个再平常不过的敷衍理由，怎么能随便善罢甘休呢？于是，像排查户口一样的辞令落在本来已经很累的丈夫身上了。第二句则表现出一种坦诚的解释，并且非常希望得到老婆的谅解，听到的人也会觉得比较舒服。老婆也会高抬贵手，放你一马。

“因为”的力量很强大，但也不能乱用。那什么情况下该使用，什么情况下又需要慎用呢？分别只在始终看准一条原则：是否跟“请求”之类的词语相联系。比如“对不起啊，因为我很赶时间，能不能先借我用一下”等，“因为”出现在这里，一定是为了跟自己的目的呼应才有意义。

这同时也突出了“因为”这个词语强有力表达效果的应用方式。他并不是直接说“对不起，让我先用一下，因为我要赶时间”而是用了完全相反的结构和语气，就完全变成了一种万能的、会被所有人认可的问法。别人听了也非常舒服，会很爽快地接受你的请求的。

“因为”真是个万能词汇啊！实际上，无论是何种问题，你都可以尝试用“因为”来解决，而且你会发现，这样说以后别人大多都会同意你的意见。在请求别人的帮助时，在对自己的行为道歉时，在你不得不触犯一些东西时，你都可以用“因为”来说服对方。在心理学上，它直接和人的积极反应相对接，自然也会提高你的说服成功率。

不能说的“为什么”

人们能够容忍而且常常很乐意说“因为”句式，但绝对不喜欢你追着问“为什么”。小时候我们都看过《十万个为什么》或者《蓝猫淘气三千问》，往往更喜欢回答问题者，而嘲笑问问题者。

其实，没有几个人经得住别人追问几个“为什么”，我们最怕回答问题了。

说服成功的起点一定是先让对方不讨厌你，或者说是先让对方喜欢上你。但是“为什么”的不恰当应用则摧毁了任何美好的开始。“为什么”不是在任何情况下都能说的，明白了这一点，我们的情况起码就不会变得更糟。

俗话说，“病从口入，祸从口出”。有人一句话能谈成大买卖，有人一句话能气跑所有人。说话时应尽量避免那些具有危害性的词语。

有人想请客办事，看看约定的时间过了，还有一大半的客人没来。主人心里很是焦急，便说：“怎么搞的，该来的客人还不来？”一些敏感的客人听到了，心想：“该来的没来，那我们是不该来的喽？”于是，已经坐下的客人悄悄地走了。主人一看又走掉好几位客人，愈发着急了，便说：“怎么这些不该走的客人，反倒走了呢！”剩下的客人一听，又想：“走了的是不该走的，那我们这些没走的倒是该走的了！”于是就全都走了。

最后只剩下一个跟主人较亲密的朋友，看到这种尴尬的场面，就劝他说：“你说话前应该先考虑一下，说错了，就不容易收回来了。”

主人大叫冤枉，急忙解释说：“我并不是想让他们走的啊！”这个朋友听了，大为光火，说：“不是叫他们走，那就是叫我走了！”说完，头也不回地离开了。

上面这个例子就是不会说话的典型情况，一句话得罪了所有的人。很多人看到这个例子会想，这样的人太少了，怎么会说错话到这种程度。甚至还把自己跟故事中的人比较，觉得自己还算比较会说话的。

其实，你也可能常常在不经意的时候，就犯了语言上的大忌。平时说话的时候，你有没有这样说过：你为什么不多陪他一会儿？为什么总是你迟到？为什么不先喝茶再吃饭？你为什么总有问不完的问题？……

这些话说出来会给对方什么样的感觉呢？责备、厌烦甚至恼怒。这会让对方感到深深的自卑和逆反心理，往往会导致事情向非常不好的一面发展。无论在什么情况下都请记住：“为什么”是不能随便说的。套用TVB的常用话语就是，饭可以乱吃，话可不能乱说。

每一件对周围有恶劣影响的事情都是有源头和原因的。一句错误的话，很可能就会导致双方陷入僵局。这个具有危害力的词语和话语就成为双方矛盾的一个起点。“为什么”就是这样的一个词，在你还没有意识到事情的严重性的时候，它已经无形中拉远了你们的距离。比较下面两段对话，你就能琢磨出其中的微妙差别了：

为什么你总是一个人？——让人感觉是在嘲笑自己孤单，没有朋友，自然没有想说话的欲望。

总是一个人回家多没意思啊，以后跟我们一起吧！——让人感觉是关心，没有逼问自己孤独的原因，但是却更容易让人打开心扉，和你诉说缘由。

为什么你总是失败呢？——让人感觉是质问和责骂，对自己能力的直接贬低，从而内心产生强烈的排斥和自卑。

经历这么多不好的事情要总结一下原因了！——直接告诉对方解决的办法，让人感觉亲切、可行，没有讥讽和责备的感觉。

即使再好的朋友和最亲的人，也不能所有的话都直说，尤其是一些带有约束性、教育性的话题更加不能用“为什么”之类的话说。“为什么”这样的句式给人一种不友好、凶巴巴教训人的感觉。有时候恰当的反问和互动心理可以让自己明白该说什么，不该说什么。

言语之间流露出来的杀伤力就像在别人的伤口上撒了盐一样，不仅不能说服对方去做什么，反而伤害了对方的自尊心和荣辱感。说服是一门博大精深的科学，不仅讲究办法，也要讲究艺术。生活中，我们常常把直言直语划分到正面的性格当中，但是在某些时候，最好用柔和的、商量性的词语、善意的劝诫和提醒式说话等方式。

提问要出其不意攻其无备

有时，你千方百计地想探听出某些事情，可对方就是不开口。

或许是因为他对你有所戒备，或许是因为他嘴巴本来就很严，这时就非常麻烦。具有强烈的自我保护意识的人不会轻易开口说话。

这种时候，拐弯抹角地提问就具有很好的效果。这也就是孙子所说的“迂直之计”。所谓的迂直，就是以迂回的方式后发先至，快速达到目的。法国有位汉学家叫于连，他写了一本通过研究中国文化来更好地了解本国文化的书，《迂回与进入》。此处的方法，可以用“迂回与进入”来表示。

其中的一个办法是假定法——不断提出假定的话题。以这种方式谈话，有时能间接地看出对方的真实想法。

“如果真的有上帝，并能帮助你实现一个愿望，你会许什么愿呢？”

“假设这个合约能谈成，我们会取得哪些直接和间接的好处呢？”

“如果您是成吉思汗，会有何种感受？”

“如果能对5年前的自己提一些建议，你会说什么？”

“如果你是老板，是最终的决定者，会答应这种非常苛刻的条件吗？”

拐弯抹角地提问，对方会在不经意间说出心里话。

例如上面的最后一个问题，如果对方回答：“嗯，我是赞成的，但经理会坚决反对。”就会明白真实的情况是什么样。因为是假定的话题，对方会感觉很放心，从而会不小心说漏嘴。

纽约州的宾厄姆顿大学的瓦因巴克教授，是一位一流的心理咨询师，他曾说过，要想让不爱说话的人张嘴说话，假定法是最有效的。

一般来说，自我防卫型的人不会轻易说出真实想法。这类人紧紧盯着现实的情况，我们无法从正面突破。这时可以稍微转换一下角度，利用假定法提问，看上去是在绕远路，实际上是让对方说出真话的捷径。

我们都知道，走直线比绕远路要距离短些，因此从常识考虑，很多人都认为单刀直入的方式花的时间要少。但人是很复杂的，直接进攻肯定会遭到对方的抵抗，没有人会马上将内心的真实想法说出来。

好的问题具有“杀伤力”

平凡、烦琐、毫无杀伤力的发问已经过时了，在每个人都很注重沟通、也学会反沟通的时代，你需要给你的说服提问术来点新花样，我们要与时俱进。多用些小技巧，不仅可以帮助你成功说服，关键时刻，还能帮你化解大麻烦。

说服需要不断地注入活力和创意，乏味的问题让人们唯恐避之而不及，更不要说得到深入交流的机会了。只有有足够“杀伤力”的提问才是快速打动人心的法宝，也值得我们每一个人学习。根据多年的研究总结，以下四种方法是说服对方成功率最高的方法，也是现实生活中使用最广的方法：

第一，乘虚而入法

这种方法要求你在明确自己的目的的情况下，不直接向对方发问，而是先让对方选择一个自己的已经准备好的答案，再开门见山地对其进行说服。此时对方一定措手不及，再加上详细、耐心的劝导，相信没有拒绝你的人。

这里以一个实际推销的案例来加以说明。当对方打开门的时候，除了亲切的问候，千万不要说：“你好，请你试用下我们公司的最新产品好吗？”这样会让对方迫切地想关上门。因为对方并不能确定这种产品会不会对身体造成危害，当然还有其他很多疑问，只能关门了。

小红当时是这样说的：“先生，你好，请问你用过最省电的抽油烟机吗？”

主人：“哦，我们家有一个普通的，不过挺费电的！”

小红继续说：“您现在就可以试试我们公司最新出品的这款

省电抽油烟机的效果。”说着，他从身后拿出他要推销的产品，并附上极为详尽的说明书。

结果当然是不言而喻的，这对夫妇很快接受了他的说服，最终买下了这款产品。

第二，肯定深入法

这个方法是指把你从说服开始到最终结果的过程，划分成一连串小问题，而每一个小问题都有一个你想要的肯定答案。当对方回答了一连串的肯定时，你会发现，你已经快到达胜利的终点了。也就是说，让对方从一开始就说“是”，把对方慢慢引入你设计好的“圈套”。

这个方法需要你有准确的判断能力和清晰的逻辑思维能力。只要每一个问题层层深入，只要对方无处可躲，你就一定能说服成功的。

小强是一家上市的广告公司的策划，他对最近的策划方案非常满意，于是想极力推荐给总监。她是怎么做的呢？

小强：“总监好，我们公司去年的业绩似乎不太好，对吗？”

总监：“是啊，不怎么理想！”

小强：“或许是因为我们做的东西太千篇一律了，别人看不到我们的创新的地方。”

总监：“肯定会有这方面的原因，上次一个公司的老总给我打电话也提到了。我也正为此头疼呢。你有什么好的想法吗？”

小强：“总监，我不知道我的方法对不对。我知道现在堆在您这里的策划方案有很多，如果有题材更新颖的，更有想法的，是否愿意优先考量呢？”

总监：“可以啊，拿来我看看吧。有这样的稿子可是求之不得啊！”

小强：“总监，我正好带了，你看看……”小强拿出自己的策划方案，交了上去。

我们可以从这个例子中学到小强很优秀的说服方式和技巧。

第三，引鱼上钩法

引鱼上钩说白了就是要诱发对方的好奇心或者关注点，进而攻克对方的心理防线。就像钓鱼一样，先抛给它一个饵，引其上钩。具体说就是，故意讲一些能激发对方好奇心的话，也可以先吊吊他的胃口，没准他会主动来找你。

这可以说是几乎百试不爽的提问绝招了，但是千万不要让对方觉得你的技巧是在耍花招，这样反而会引起对方的反感，使事情半途而废。最好做得神不知鬼不觉，自然而然的。

阿红在最近新世界百货看上了一条非常好看的裙子，但价格很高，她该怎么说服妈妈给她买下来呢?

阿红:“老妈，我们学校要举行个运动会，老师专门跟我说希望我做领队呢?”

妈妈:“哎哟，好啊，我女儿出息了，那就好好准备一下啊!”

阿红:“可是，领队是代表班级形象的，我都没有好看的裙子了。以前买的，都有点过时，都不能穿出去了。”

妈妈:“那还不简单，咱再买几条新的不就行了，也可以让你们班主任帮你选选……”

看吧，到这里不就一切都顺理成章了吗?

第四，欲抑先扬法

所谓欲扬先抑法，就是要想诱“敌”深入，要先肯定对方的观点，让对方不会对你的见解过于排斥，然后再进一步地让自己的观点深入到对方的思想中去。这个过程中，有技巧地提问也非常重要。

说服者要懂得察言观色，如果对方态度温和，没有强烈反对，则可尝试说服对方，而且成功的概率几乎100%。但要注意的是：如果对方非常反对，不容辩驳，则要适当地放下自己的说服心态，不能一味死缠烂打。

小华不爱陪妻子逛街，觉得很累而且很无聊。他们因此常常吵架，搞得鸡飞狗跳的。女人通常比较喜欢这些，尤其希望自己的爱人能够陪自己逛街。可小华却觉得这实在是浪费时间、浪费生命的活动，最重要的，每次都是为逛街而逛街，又不真正需要买什么东西。小华为了说服妻子不让自己陪她逛街进行了如下对话：

妻子："你是我老公啊，你明明说以后什么都听我的，可是连逛街这样的小事都不肯陪我！哼！"

小华："我当然打心眼里听你的了，你说什么我都会听你的。"

妻子："这你就扯谎了吧？"

小华："咱们的关系一直不是挺好的吗，你说因为什么啊？不就是因为你爱我、我爱你么，而且我觉得咱们俩是你对我更好，但是你对我好肯定是因为我有魅力么，如果我只是一个什么都不干天天陪你逛街的男人，你还会像以前一样爱我么，可能那时你都不希望我跟你一起出门了吧？"

妻子："你……"

妻子听到这样的话，也只能语塞。凡是不喜欢陪老婆瞎逛街的男生注意了，这一招可资参考。

聪明的说服者，提问应该是步步为营的。但有些人就不是这样，最后不仅没有达到自己的目的，反倒被对方牵引过去，成了反派，这就是典型的"偷鸡不成蚀把米"。所以我们的每一个问题都要力求明朗、干净、有效果，如果总是问些模糊、模棱两可的问题，等于是给自己的说服倒了一盆浑水，浑水里怎么能摸到鱼呢？

"你们的保险需要另外收费吗？"

当对方这样询问时，大部分人可能就保险另外收取的费用跟对方较劲了，但是这种反复的强调只能让对方更加关注费用问题。你可以试试这样反问：“费用在所有公司都会收的，对于你来说，最应该关注的应该是收益问题吧？”

只需一个简单的反问，就可以把说服这条大鱼从“浑水”里捞出来了。

另外，还有这样的例子。

“你希望公司一年节约10万元的成本费吗？”

“当然，可是哪有这么容易啊？”

“我是全国为数不多学习节能效应的研究生之一，如果能在贵单位工作的话，我也希望我的专业能够得到实践的验证，并且帮助公司节省费用。”

这就是一段很巧妙的问答，因为这个问题足以将各个公司的老板吸引。这就是“开门见山”的说服方法，提问中可以使用。

不可不知的“精神助产术”

古希腊大哲学家苏格拉底有一种独特的、启人思考、开拓思维的方法：通过不断的发问，在辩论中弄清问题。他把这种方法称作“精神助产术”。

有一天，一个青年问苏格拉底：“怎样才能获得知识?”

苏格拉底将这个青年带到海里，海水淹没了年轻人，他奋力挣扎才将头探出水面。

苏格拉底问：“你在水里最大的愿望是什么?”

“空气，当然是呼吸新鲜空气!”

“对！学习就得使上这股子劲儿。”

苏格拉底还习惯到热闹的雅典市场上去发表演说和与人辩论问题。他同别人谈话、讨论问题时，往往采取一种与众不同的形式。

这一天，苏格拉底像平常一样，来到市场上。他一把拉住一个过路人说道：“对不起！我有一个问题弄不明白，向您请教。人人都说要做一个有道德的人，但道德究竟是什么?”

那人回答说：“忠诚老实，不欺骗别人，才是有道德的。”

苏格拉底装作不懂的样子又问：“但为什么和敌人作战时，我军将领却千方百计地去欺骗敌人呢?”

“欺骗敌人是符合道德的，但欺骗自己人就不道德了。”

苏格拉底反驳道：“当我军被敌军包围时，为了鼓舞士气，将领就欺骗士兵说，我们的援军已经到了，大家奋力突围出去。结果突围果然成功了。这种欺骗也不道德吗?”

那人说：“那是战争中出于无奈才这样做的，日常生活中这样做是不道德的。"

苏格拉底又追问起来："假如你的儿子生病了，又不肯吃药，作为父亲，你欺骗他说，这不是药，而是一种很好吃的东西，这也不道德吗？"

那人只好承认："这种欺骗也是符合道德的。"

苏格拉底并不满足，又问道："不骗人是道德的，骗人也可以说是道德的。那就是说，道德不能用骗不骗人来说明。究竟用什么来说明它呢？还是请你告诉我吧！"

那人想了想，说："不知道道德就不能做到道德，知道了道德才能做到道德。"

苏格拉底这才满意地笑起来，拉着那个人的手说："您真是一个伟大的哲学家，您告诉了我关于道德的知识，使我弄明白一个长期困惑不解的问题，我衷心地感谢您！"

如果你学会了"是"字战术，你就可以做到两点：第一点是一开始就让对方说"是"，第二点是引导对方连续地说"是"。在解决一些比较麻烦的事情时，第二种方法尤其重要。在以上例子里，苏格拉底善于让别人从说"是"开始，一步步引导到自己的结论上来。

讲求有效的工作方法，是在激烈的竞争环境中取胜的一个诀窍。诱导别人说"是"，事实上并不是一件很难的事。而且"举手之劳"，就改变了一个人的心态和事情的发展方向。这其中的哲学就是投人之所好，因势利导，始终让自己抓住事情的先机，让对方就不得不钻进事先设好的"陷阱"之中。

奥佛寺去教授在他的《影响人类的行为》一书中说："当一个人说'不'时，他所有的人格尊严都已经行动起来，要求把'不'坚持到底。事后他也许会觉得这个'不'说错了，但是他必须考虑到宝贵的自尊心而坚持说下去。因此，使对方采取肯定的态度，是一件特别重要的事。”

这的确是一种非常简单的技巧，但是它被许多人忽略了！大多数人，一开口就愚蠢地提出别人不能接受的事物，使别人立即采取反对的态度，因而弄得无法实现自己的目标。少数的聪明人，则在这方面取得了一个又一个的成功。

因此，如果要使你的意见被别人同意，你必须牢牢地记住：不断地引导对方说“是”。

在西屋电气公司做业务员的约瑟夫·艾利森就是引导别人说“是”的行家，他也凭借这种本领而得到跟某公司合作的机会，顺利出售了很多发动机。

可是3个星期后，艾利森高兴地拜访这家公司的时候，这家公司的总工程师史密斯先生却向艾利森说了一句可怕的话：“艾利森，我不能再买你们的马达了。”

“为什么？”艾利森感到非常惊吓。

“因为你们的发动机太热了，我都不能把手放在上面。”总工程师回答说。

艾利森心想，这时如果与他争论是没有用的，因为这方面的经验很多，所以艾利森想起了让对方说“是”的原则。

“是啊，史密斯先生。我非常同意您的说法，如果那些发动机真的太热，确实不适合再多买了。不过，你这里一定有符合电气制品公司标准的发动机吧？”艾利森问道。

“当然了！”艾利森得到了第一个“是”的反应。

“电气制品公司一般规定发动机的设计，其温度可高出室温华氏72度是吗？”艾利森接着问道。

“是的！”史密斯又同意，并说，“可是你们的产品还是太热了。”

“工厂里的温度是多少？”艾利森没有与他争辩，而是继续发问。

史密斯先生说："大概是华氏75度左右。"

"是这样吗？"艾利森接着问，"假如工厂内的温度是75度，再加上发动机的温度72度，也就是华氏147度。假如您把手放在147度的水龙头下，是不是会烫伤呢？"

"是的。"这是个不能怀疑的问题。

"很好！"艾利森建议道："那么，是不是最好不要把您的手放在发动机上呢？"

"我想，您说的是对的。"史密斯先生这样回答艾利森。最后他们还继续合作，史密斯先生又向艾利森订了35000多元发动机生意。

整个过程没有争辩，艾利森始终让史密斯回答"是，就是这样"。最后什么问题都解决了，合作照旧，买卖继续。

大多数人对事物的认知都是有限的，尽管他们认为自己并不比别人差，但确实需要更多的启示与学习。因此，很多时候对方的"是"是需要我们引导的。我们谈话的性质也主要是"启示式"或"询问式"的，而且"启示式"或"询问式"的交流比普通的交流更为有效。

有一对年轻夫妻，双方都是知识分子，都很能干。但男的希望妻子配合默契，想他所想。而妻子也常常坚持己见，不做让步。因此，他们经常争吵，有几次还打得鼻青脸肿。考虑到这个情况，男的以性格不合为由，坚决要求离婚。女的因为眷恋感情，坚决不肯。他们两个都来找单位领导诉说苦衷。

单位领导分析了他们的情况后，想选用"是"字战术说服男方收回离婚要求。于是，一场对话就这样开始了。

领导：你们俩性格不同是吧？

男方：是的。

领导：一位哲人说过，世界上没有完全相同的两片树叶。我想世界上也不会有两个性格完全一样的人，你相信吧？

男方：相信。

领导：因此，追求完全情投意合的理想婚姻是不可能的。

男方点点头。

领导：因此，夫妻相处的秘密在于相互尊重，相互适应，相互满足，而不是相互征服，相互改造。

男方还是点头。

此后，男方就再没有提离婚的事。后来，他们两口子过得很好。

俗话说：清官难断家务事。人家的感情纠葛是最难解决的问题了，因为没有一把感情的标尺告诉他们怎么才算包容，怎么才算爱。但我们只要抓住一些他们不能说“不”的问题，就能悄悄解开别人心中感情的密码。

苏格拉底，被称为最有智慧的说服者，他的秘诀就是巧用“是”字战术，上文已经说过了。他总是问一些对方肯定同意的问题，然后渐渐引导对方转到既定的方向，当对方觉察到时，结论已统一了。

很多知名的销售大师、保险大师、谈判家包括希望得到好口才的人都用过这种大胆的做法，即问对方只能以“是”回答的问题，然后用这些问题引导对方思考。

英国曾经有一个著名的脱口秀节目，其中一期邀请的来宾是当年美国最大保险公司的业务冠军。

在节目当中，主持人从场内找了一名从来不抽烟的观众，要求来宾在五分钟之内说服他买下烟灰缸。计时开始后，这个业务员就不慌不忙地开始请教这位观众如下问题：公司里头有没有人在抽烟、公司的烟灰缸够不够、烟灰缸不够会有什么坏处、对他个人有没有什么影响，等等。等这位观众回答完这些问题的时候，他已经决定买下这个烟灰缸放在上班的地方了。

从这个例子，我们得知，说服时可以用问题引导对方思考，而且前提是这些问题都是要求对方说“是”的。这也暗合了卡耐基的一条原则：谈判要成功，一定要设法让对方说“对”。要做到这一点，就需要通过问问题的办法来渐进地引导对方同意你的观点。

所以，我们应该向苏格拉底学习“精神助产术”。

第六章　有策略地攻心，让说服更有力量

说服高手善于抓住他人的弱点，进而投其所好，以达到事半功倍的说服效果。如果对方喜欢听赞美的话，你就可以用“赞美”这个糖衣炮弹；如果对方是个比较强悍的人，就适当示弱，获取信任；如果对方好面子，就多讲人情……如此，说服过程就成为“如入无人之境”的战没了，不胜都难。

巧用赞美这颗糖衣炮弹

每个人都存在着渴望被人肯定的心理需求，而真诚的赞美最能满足这种需求。一旦我们满足了别人的这个需求，说服就会变得非常容易。

在社会生活中，我们的一言一行都与其他人密不可分，即使最特立独行的人，心中也希望获得他人的肯定。如果你真诚地赞美一个人，必然会让他感到鼓舞，认为你理解了他的价值，对你心存感激，视你为知已，进而愿意做更多你希望他去做的事。

一位焦虑的父亲带着儿子来到心理学家的办公室。父亲说："这个孩子让我伤心透了，他身上连一个优点都找不到。"心理学家注意到，他说这句话时孩子的眼角噙着泪水，显然，父亲的这种说法已经伤透了他的自尊心。心理学家决定把孩子带回家帮助他。任何孩子都有值得称赞的地方，于是，心理学家开始从孩子身上寻找某些他能给予赞许的东西，结果他发现这孩子喜欢雕刻，并且工艺很巧妙，而他在家里曾因在家具上雕刻而受到惩罚。于是，心理学家为他买来雕刻工具，还告诉他如何使用这些工具，同时真诚地赞美他："要知道，你雕刻的东西比我所认识的任何一个儿童雕刻得都好。"不久，他又发现了这个孩子几件值得赞美的事情，他同样采取了热情赞美和鼓励的方法。日子一天天过去，这个孩子的变化使得每个人都大吃一惊：没有什么人要求他，他把自己的房子清扫一新。当心理学家问他为什么这样做时，他说："我想你会喜欢。"

人在被欣赏和称赞时，心理上会产生一种"行为塑造"——

我们会试图把自己塑造成具有某种优点的人。并且，这种塑造有心理强化作用，会不断鼓励自己向着某个好的方向发展，真正具备人们口中的某些优点。正是在这种自我塑造的过程中，我们产生了一种不断前行的力量。

在居民小区的早点铺子里，有两位顾客都想让老板给他添些稀饭。一位皱着眉头说："老板，太小气啦，只给这么一点，哪里吃得饱?"结果老板说："我们稀饭是要成本的，吃不饱再买一碗好啦。"无奈这位客人只好又添钱买了一碗稀饭。另一位客人则是笑着说："老板，你们煮的稀饭实在太好吃了，我一下子就吃完了。"结果，他拿到一大碗又香又甜的免费稀饭。

可见，如何赞美别人也是一门学问，并非一切夸人的话都会让人心花怒放，倘若赞美并非发自真心，说的与实际情况不符，比如明明是丑女却夸她美若天仙，那只会引起对方的反感。只有基于事实的赞美，才会让对方欣然接受，并觉得你是真正懂得欣赏他的人。

古时有一个说客，说服别人的功力堪称一流。他曾当众夸口道："小人虽不才，但极能奉承。平生有一志愿，要将一千顶高帽子戴给我遇到的一千个人，现在已送出了 999 顶，只剩下最后一顶了。"一长者听后摇头说道："我偏不信，你那最后一顶用什么方法也戴不到我的头上。"说客一听，忙拱手道："先生说得极是，不才走南闯北，见过的人不计其数，但像先生这样秉性刚直、不喜奉承的人，委实没有!"长者顿时手持胡须，扬扬自得地说："这你算说对了。"听了这话，那位说客哈哈大笑："恭喜先生，我这最后一顶高帽已经戴到先生头上了。"

这个故事生动地说明了，再刚正不阿的人，也无法拒绝一个说到他心坎上的赞美。每个人身上都可以找到值得夸赞的地方，只要我们有一双善于发现的眼睛，努力去找寻别人值得夸奖的极小事情，寻找你与之交往的那些人的优点，那些你能够赞美的地方，形成一种每天至少五次真诚地赞美别人的习惯，这样，你与别人的关系将会变得更加和睦。

所以说，说服他人的时候一定不要忘记赞美，真诚地欣赏和赞美他人，是说服的一个强有力的武器。

将心比心，站在地方的角度谋划

生活中说服的最佳结局是双方达成共同认识，而启发对方进行心理位置互换，让对方设身处地地体验别人心理，主动调整自己的态度和行为方式，则是达到这一目的的行之有效的方法之一，这种方法就是将心比心术。

下乡知识青年罗虹在农村和农民德海结婚并有了个女儿。后来回到城里，重逢昔日的恋人，欲待重修旧好，却又遭到爸爸的反对。正当她举棋不定之际，农村的丈夫德海又被人诬告而入狱。罗虹进退维谷，不知何去何从。她向奶奶寻求帮助。

奶奶对她说："你的事，奶奶全知道，如今你打算怎么办？"

"不知道，我……我说不出来……"

奶奶说："奶奶知道你委屈。人，谁没点委屈呀，我 24 岁那年，你爷爷就牺牲了，本家本村的都劝我再找个主儿。你曾爷爷跟我说：'女儿，地头还长着呢，往前去一步吧。'我不愿给孩子找个后爹，硬是咬着牙过来了。儿子一个个长大了，参了军，又一个个地牺牲了。可我没在人前掉过一滴眼泪。人活着，就是为了别人，去受苦，去受难。天底下哪有那么多幸福？要说委屈，就先委屈一下自己吧！"

罗虹说："可我以后的路该怎么走啊？"

奶奶说："做人呐，前半夜想想自己，后半夜想想别人。你和那个小伙子倒是挺般配的，可就算你俩成了，日子过得挺舒心的，你就保准一早一晚地不想德海他们父女？那时，你虽吃着蜜糖，但却忘不了人家在喝苦水。你甜在嘴上，苦在心里。甜的苦的一掺和，一辈子都是块心病。我今年 80 了，什么苦都尝遍了，可就是没留下一件亏心事。俗话说，‘人’字好写，一撇一捺，真正做起来就难了！”奶奶说的话句句动人心。

“奶奶，我懂了。”罗虹擦了擦眼泪，说：“我今天就回家去带孩子，侍候婆婆，等着德海。”

奶奶劝说之言语重心长，而且，她用通俗的语言，站在对方的立场上，设身处地地给孙女分析情况，从而使孙女做出正确选择。

用语言做假设，可达到将心比心的目的；也可用自己的行为，现身说法，让对方体验别人的心理，进而对他的言行做出调整，同样可达到将心比心的目的。

某商店有位营业员很会做生意，他的营业额比一般营业员都高，有人问他：“是不是因为能说会道，所以生意兴隆？”他回答说：“不是，我的秘密武器是当顾客是自己人。”

有一天，某位顾客站在柜台前东瞧瞧，西看看，还不时用手摸摸摆在柜台上的布料，却不肯买货。凭经验，营业员判断这位顾客是想买块面料，于是赶忙迎上前去说：“您是想买这块料子吗？这块料子很不错，但是您要看仔细，这块布染色深浅不一，我要是您，就不买这一块，而买那一块。”

说着，营业员又从柜台里抽出一匹带隐条的布料，在灯光下展开接着说：“您像是机关里的干部，年龄和我差不多，穿这样料子的衣服会更好些，美观大方，要论价钱，这种料子比您刚才看到的那种每米多三元多钱，做一身衣裳才多七元多，您仔细看看，认真盘算盘算，哪个合算。”

顾客见这位营业员如此热情，居然帮自己选布料，挑毛病，于是不再犹豫，买下了营业员推荐的料子。

这位营业员之所以能成功地做成这笔生意，就是因为运用将心比心术。站在买者的立场上替顾客精打细算，现身说法，使对方戒备心理、防御心理大大降低，而且产生了一致的认同感，故而说服了对手，做成了生意。

将心比心术，是站在对方的角度谋划和考虑，了解他的心理，了解他的需求，了解他的困难，这种说服方法容易使对方接受，达成统一认识。

动之以情，晓之以理

成功地说服不仅必须凭借锋利的言辞、缜密的思维、铿锵有力的语调，还必须常常诉之以情，把自己的感情融入对方及观众的血液里，令其沸腾。利用较强的表演的手法、较美的文字语言、较深的感情，简而言之，就是靠情感战胜对方的情绪感染法。

有一天，一位老态龙钟的妇人前去面见林肯，哭诉自己被欺侮的经过。这位老妇人原是独立战争时期一位烈士的遗孀，每月靠抚恤金生活，但她只能拿到标准的一半。这分明是敲诈勒索。林肯听完老妇人的泣诉后，怒不可遏，他安慰老妇人，并答应一定帮助她打赢这场官司。

法庭开庭后，因证据不足，所以被告矢口否认，情况明显对老妇人不利，轮到林肯发言，几百双眼睛盯着他，看他有没有办法扭转局势。

林肯并没有在老妇人的不幸上大做文章，而是用抑扬顿挫的嗓音，把听众引入对美国战争的回忆。他双眼含泪，用真挚的情感述说革命前美国人民所遭受的沉重苦难，述说革命志士在冰天雪地里战斗，为灌溉“自由之树”而流尽最后一滴血的事迹。突然间，他情绪激动，言词犹如夹枪带剑，直指那位企图勒索老妇人的出纳员。最后，他以巧妙的设问，做出精彩的结论：

“现在，1776 年的英雄早已长眠于黄泉，可是，他们那衰老而可怜的遗族，还在我们面前，要求我们代她申斥。不消说，这位老妇人从前也是一位美丽的少女，曾经有过幸福愉快的家庭生活，然而，她为美国人民牺牲了一切，到头来却变得贫困无依，不得不向享受着先烈争取来自由的我们请求一些援助和保护。试问，我们能视若无睹吗?”

这样一个问题，成功地触发了在场所有的群众的同情心，在场的人眼眶泛红，都为老妇人掬一把同情之泪。有的捶胸顿足，扑过去要殴打被告，有的当场慷慨解囊。在听众的一致要求下，法庭通过了保护烈士遗孀不受勒索的判决。

动之以情，激发众人内心深处的温暖情感，将有助于扭转劣势。

俗话说:“通情”才能“达理”，没有心理上的沟通做基础，即使有理，也达不到辩论胜利的目的。

通过采用这种策略，你不仅排除了对手的有利论点，而且给听众留下了一个公平公正的印象，进而赢得他们的喜爱和尊重，这在任何情况下都是一笔很大的财富。

不过，如果对方的主要观点本身就是谬误的，你只要坦率地表明自己的观点，不用再这么拐弯抹角，而是直接用关键事实驳倒他。

适当示弱，成全对方的好胜心

高处不胜寒。处处以强者自居，不仅让人对你敬而远之，甚至招致非议，事不能成。适当表现自己的弱势，别人反而会主动地安慰你、鼓励你；在消除嫉妒、冷漠的同时，也得到了对方的心！人人都有同情心，所谓退一步海阔天空，有退才能有进，大愚才是大智！

我们身体健康的时候，似乎很难得到别人的注意和关心。但当我们病了，哪怕是对你平时有所不满的人，也会拿着鲜花来医院看你。这时，你会得到他人分外的关心和帮助。所以，适当示弱，会赢得更多的机会，最后终能成为强者。

20 世纪末的美国芝加哥，对金融犯罪严惩不贷，打击力度非常大。其间，一位名叫萨德的保险核定员，因为诈骗保险金被法庭指控。因证据不足被保释后，他因为害怕被再次逮捕而想方设法避免法律制裁。考虑再三之后，他想起了唯一可能看到他作案的速记员。只要说服她不参加作证，就没人敢再扣押他了！

这位速记员是受雇于他已多年的年轻女子，名叫海伦。萨德找到海伦说明企图，这当然也遭到了对方的直接拒绝。而后，萨德改变策略，换成他的妻子和孩子去找海伦。他们一再重复自己的困苦和离开萨德后可能面临困境，最终海伦抵挡不住他们的苦苦哀求，向法官做了伪证，说：萨德那天并没有到芝加哥上班。

结果，萨德因为其他人的证据和监控录像被判有罪，而这位富有同情心的女子也因此被起诉犯了伪证罪。海伦当然不想因为这样的事情就陷入牢狱之灾，于是，她也委托一位著名的律师帮她辩护。律师同样被她的苦苦诉求而感动，答应替她出庭辩护。

律师不断地找州长诉说海伦不得已而为之的真相和她家贫穷的生活现状。州长原来严厉的态度竟然被同情心一点点消释，逐渐变为了对海伦的同情和袒护。

“我深深理解你为什么这么做，错不在你，可怜的小姐。”州长用遗憾的神情对海伦说。

“州长，我希望您能原谅我，我全家就靠我一个人赚钱养活。”海伦又一次道出了生存危机。

州长犹豫了一下说：“你的罪行不算重，等你判刑之后，我会以最快的时间宽赦你的，放心吧，可怜的姑娘!”

就这样，海伦最后笑容满面地走出了法庭。律师也完成了别人认为不可能完成的任务，而且只凭一张嘴。

当你的对手比你强大百倍甚至只有依附他才能突围的情况下，我们不妨放弃盛气凌人的姿态，主动示弱，也许会获得意想不到的结果。这位律师运用的其实就是“攻心”中“主动示弱”的语言战术，他不停地表现自己和女速记员的困境，以弱者的姿态直取对方的恻隐之心，最后博得了对方的同情。

由此我们可以想到围绕在我们每一个人身边的上下级关系。很多人谈“领导”色变，一到领导面前就支支吾吾，不知道该说什么。无论是咨询问题、提出建议还是代表团体申请东西，都害怕言语不慎毁坏了留在领导心中的好印象。

其实，跟领导相处很容易。在咨询问题的时候主动放低姿态，事实证明，无论是大领导还是小领导，都有不同程度的“教育情节”或者说是“好为人师情节”。当你像学生一样向他请教时，没有人会拒绝你的问题的。这就是为什么现在电视中被访谈人都喜欢被尊称“老师”，而不是其他称呼。

这一招在提出建议的时候尤为奏效。领导都是爱面子的，你直接告诉他建议方法会让他认为是“反驳”。但是建议中常用

“您看这样是不是……”和“您觉得……”的句子更容易被领导接受。最好的建议是在领导理论基础之上的扩展，是对领导观点的有益补充，领导当然欣然接受。

低姿态不是手段，而是一种态度。美国总统林肯在年轻时与他上司的关系并不好，也曾为自己的上下级关系而深深苦恼。后来，他得知这位上司很喜欢读书，就开始看跟上司一样的书，然后挑选一些富有争议的问题去请教他的上司。一来一往之间，林肯用这种虚心讨教的方式消除了上司对他的成见。林肯在后来仕途上的进步，也得到了这位上司的大力支持。林肯确实是采用了低姿态去亲近上司，也收到了很好的效果。同时我们也看到，低姿态确实不是一种手段，而是一种诚恳的态度。与人的交往当中，主动示弱会调动对方对你的关爱，从情感上获得与对方心灵的接近。同情，靠的不是虚情假意；攻心，靠的也不是尔虞我诈。

不仅仅是当你有求于人时要放低自己的姿态，当你的地位在对方之上时同样需要低姿态和示弱心理。当你的地位高于对方，对方很可能因为种种原因而无法跟你放开交谈和敞开心门。这时你可以揭露一些自己的弱点，比如：学历不高、不会处理关系、知识陈旧等，也可以适当地给人一些“成功也不是那么容易”“领导也不是万事大吉”的印象，这会大大增加你们的联系性，更利于开展工作。

当你对下属安排事情的时候，运用的语言也很关键。有些事情可能大多数人不太愿意去做，这时你可以说“这不会让你太为难吧?”或者“我的要求是不是过分了?”即使你的确有些强人所难，对方也会不忍心拒绝你的请求。

让对方感到足够的自尊

尊重是获得对方好感的前提，这样，你既可以获得对方的尊重，也增加了使对方信服的资本，可以说是一举两得。

在交际中，成功的人往往使用不同的方法，操纵各式不同的人。他们所留意的便是人们的特殊旨趣、需要和各种问题，或是他们的思想和能力，以及他们品行上的特点。有人认为，判断一个人是聪明还是愚笨，是很简单的事，然而决不可把这一点当做是小事。因为这对人们在交往中合作很重要。

许多人都是经过苦斗而成功的。他们在早年的奋斗中都曾碰到过很大的障碍，比如他们的计划常常被人反对，但是，他们都运用巧妙的策略，使反对的人满意而信服，并且有效地合作，从而迅速、轻易地解决了遇到的困难。

据说，富兰克林青年时代，在斐拉岱尔斐亚省开一个小小的印刷所。那时，他被选为本雪尔文尼亚议会的书记。但是，困难出现了。在选举之前，有一位新议员，发表了一篇明显表示反对他的演说，演说把富兰克林批评得一文不值。富兰克林对这位新议员的反对当然很不高兴，可是，这个人是一位有身份、有学识教养的绅士，他的声誉和才能在议院里很有地位。怎么办呢？富兰克林想了一个办法。他听说，这个人藏书室里有几部很珍贵、很稀罕的书，就写了一封简短的信给他，说明想看看这些书，希望他慨然答应借几天。没想到这个议员接到信，立刻就把书送来了。大约过了一个星期，富兰克林就将那些书送去还他，另外附了一封信，热情地表示了谢意。这样，当他们下一次在议院里遇见的时候，他居然跑上前来和富兰克林握手谈话了，而且非常客气，并且说愿意在一切事情上帮忙，于是两个人成为知己，美好的友谊一直维持到终生。

这故事，粗看起来很平常，但细心想想，在富兰克林的成功上，不妄评他人是多么重要的因素呀！

有许多人对于别人来乞取“小惠”常常是很高兴的，尤其是当对方所乞取的东西恰巧是他自己所最得意的东西时。但对于这一点，有些人还没有注意到。从表面上看，这个策略是容易的，但人们却很少坚持地去实行。从而得不到满意的效果。

富兰克林运用这个策略，获得了成功！这种策略的效力，存在于人类天性中的一种潜意识中。我们应当认真研究为什么议员对于富兰克林的鄙视竟会在短时间内完全消失？什么东西在那位议员心中起了作用，使他很快与富兰克林握手言和并成为挚友？

原来，在这一个小关节里，富兰克林无形之中已表示了推崇别人的意思，而自己居于较低的地位。在这种情形下，那位议员俨然是一位施主，而富兰克林变成一个乞求施舍的人。其结果，便是“使别人感到自己地位的优胜和重要”。简单说起来，这个策略，就是引起别人的“自尊心”。在一切人类意识中活动最强的欲望，就是维持他的自尊心。

有时候我们提供一些较好的意见给别人，而这意见恰巧是那人自己的意见时，我们就能够获得那人的好感，因为我们已满足了那人心理上的需要了。所以帮助别人维持“自尊心”就是使别人对你满意的唯一秘诀。实行这种秘诀，有许多简易的方法。

当我们想起自己曾经给予别人这种帮助的时候，当我们想起这种小小的恩惠被人家很感激地接受的时候，我们岂不是感到很愉快吗？反过来说，我们不是常常看见有些受别人恩惠太多的人，有时候不是反而想避而不见吗？这就是因为我们自己被别人帮助的时候，我们的“自尊心”反而感觉到痛苦了。

许多有心计的人都会看到这一点：在帮助别人的时候，应当以不求报答来安慰别人，这样才可以安慰那人的自尊心；同时，却正是给那人以强烈的刺激，使他希望自己也能帮你的忙，作为受你帮助的报答。

每个人的个性，固然各有不同，然而这种策略是一种人类普遍的需要，它差不多对于一切正常的人，都会适用而且得到成功的。无论是对上级还是下属，对不认识的人或是亲戚朋友，对满意我们的人或不满意我们的人，我们应当留心那些人性情的唯一不同点在哪里？我们每人所特有的个人爱好和习惯是什么？但不论他们的性情怎样，嗜好与习惯怎样，可以这样说：有一条成功的经验就是，人们在交往和合作中，不要忘记使用赢得他人好感和自尊的策略。

顺着毛摸，让他乖乖听你的

生活中人们常常说，小孩子都是“顺毛驴”，越打骂越糟糕。其实，不仅小孩子，每一个人都有被认可、被同意的天性。谁也不想与跟自己意见相左的人讲话。人人都是顺毛驴，掌握这个规律，才能弹响说服的前奏。看似是顺从别人说话，其实是牵着对方的鼻子跟着自己走。

在同人交谈尤其是求人办事的时候，急功近利的做法只能让对方对你失去信心和好感。如果对方没有要和你妥协的意思，甚至想法和心意跟你完全背道而驰，你应该学会先隐藏你的真实意图，先顺从对方的意思，在不知不觉中博求对方的好感。

柯达公司是世界上最大的影像产品及相关服务的生产、供应商，其创始人伊斯曼想在罗彻斯特建造一座音乐教堂、一座戏院和一座纪念馆。他承诺说，会给承包工程的人 9 万美金的资助。这对制造商来说是个天大的好消息，他们都想得到这些建筑的承包权。但是在伊斯曼和他们一一面谈后，仍然没有确定把承包权给谁。

一天，“优美座位公司”的经理亚当森来到伊斯曼的办公室。当时伊斯曼正埋头于桌子上的一堆文件，他便没有打扰他，只是仔细地打量起他的办公室来。

不知过了多少时间，处理完文件的伊斯曼抬起头，正好看到亚当森在办公室里，便说“先生有何指教?”

“伊斯曼先生，在我等您的这段时间里，我仔细地观察了您的这间办公室。我本人长期从事室内的木工装修，但是从来没见过装修得这么精致的办公室!”亚当森没谈生意，倒与伊斯曼大谈起装修心得来。

“哎呀！你提醒了我。这间办公室是我亲自设计的，当初刚建好的时候，我非常喜欢它。但是后来一忙，一连几个星期都没有机会仔细欣赏一下这个房间了。”伊斯曼回答说。

“我想这是英国橡木，对不对？意大利橡木的质地不是这样的。”亚当森走到墙边认真地说。

“是的！那是从英国进口的橡木，是我专门托人在英国定的货。”伊斯曼兴奋地站起来说道。这时，他已经全然忘记了烦琐的事，带着亚当森自信地参观起了自己的办公室，并如数家珍般地向亚当森介绍每一件装饰，甚至连木质、颜色、手艺、价格都详细地说了又说。

此时的亚当森却只是微笑着聆听，并表现得非常感兴趣。最后，直到亚当森与伊斯曼告别时，他都没有谈半句生意上的事情。但是最终的结果可能大家都已经猜到了：他得到了承包权，以及伊斯曼提供的 9 万美元。

故事中的亚当森并没有一上来就表明自己的意图，而是悄悄地做了一个倾听者。但这种倾听和认同让伊斯曼高度放松，在对方得到愉悦的时候，亚当森也得到了他想要的。

当你听到“收银的”“上菜的”之类的词汇你会怎么想？感觉这称呼对人毫不尊重，或是对该职业带有贬低和不屑之意。尤其在上司对下属的支使中，不恰当的词汇让员工常常苦恼，又敢怒而不敢言，最后情绪无处发泄，让自己的身体和工作质量大受影响。

美国有家全国性的卡车服务公司，管理层经过统计发现，他们送的货物有万分之六会送错地方。为此，公司每年要赔偿 25 万美元。于是，公司请戴明博士为他们想办法。戴明调查之后，发现送错货都是因为公司的司机看错了送货合同的地址造成的。

为了一劳永逸地消除这个错误，提高公司的服务品质，戴明博士建议把这些工人或司机的头衔改为技术员。

开始，公司对这种做法也很怀疑，改个称呼就能消除错误吗？然而，没多久绩效就显现了。那些司机的头衔改为技术员后不到 30 天，万分之六的错误下降为万分之一，公司一年节省 20 多万美元。

戴明博士的做法就是顺着员工的想法，给他们良好的情绪同时赋予其职位责任，效果令人称赞。

先“得寸”，再“进尺”。在对方完全拒绝你的要求的时候，不妨先从对方的条件考虑缩减自己的预期利益，然后在实施的过程中不断使自己的利益最大化。最后你会发现，你得到的比想象的还要多。

在澳大利亚墨尔本，有位女记者要采访一位权威人士，打算请他就海洋动物保护问题做 15 分钟的广播讲话。这位权威人士非常忙，曾经拒绝过很多记者的要求。如果直接提出占用他 15 分钟时间，他可能会拒绝。这位记者在电话里是这样说的：“在百忙中打搅您，我感到很过意不去。我们想请您就海洋动物保护问题谈谈看法，大概只要 3 分钟就够了。听说您日常安排极有规律，每天下午四点都到户外散步。如果可能，我想是不是可以在今天下午的这个时候拜访您呢？”结果这个权威人士接受了要求，采访于下午 4 点准时开始。当记者告别时，时间过去已整整 20 分钟了。

面子要一次给足，不行也行

中国人好面子，俗语说“人活脸，树活皮，土墙活着一堆泥”。著名作家林语堂在《脸与法治》一文中就说，“中国人的脸，不但可以洗，可以刮，并且可以丢，可以赏，可以争，可以留，有时好像争脸是人生的第一要义，甚至倾家荡产而为之，也不为过。”

其实，众多的说服方法都归向一途——取悦别人得到信任。在别人有优越感的时候是这样，在别人没有优越感的时候更是这样。在中国，“面子”问题既然是个大问题，能充分照顾别人的面子，给足面子，也就是为自己的说服铺平了道路。

一家旅馆的老板想招聘一批员工，这天测试 3 名前来面试的男性。老板问：“假如你无意推开房门，看见女房客正在淋浴，而她也看见了你。这时，你应该怎么办?”

第一位应试者说:“可说‘对不起’，然后关门退出。”

第二位应试者说：“说句‘对不起，小姐’，然后关门退出。”

第三位应试者说：“说‘对不起，先生’，然后关门退出。”

结果，第三位应试者被录取了。

一句“先生”，表达出了多么微妙的意思啊，真是叫人拍案叫绝。对女人来说，自己的身体被陌生人窥探，是非常严重的一件事。在这种情况下，光说“对不起”是完全不够的。这不仅暴露了你的确看到了人家的身体，而且有可能激怒房客，告你“性骚扰”都有可能。如果在加个“小姐”，后果会更加严重。这说明你不仅不小心看到，还看得很仔细，更加死定了。第三位应试者就极其聪明，叫了一声“先生”。这个出人意料的称谓，首先隐藏了不小心看到的事实，其次给女房客大大的面子，暗示她

“我即使看了，也没有看见什么实质性的东西，你不必害羞”，最后又给自己台阶下。

通过这个小故事，我们可以看到面子的重要性。爱面子是人们的天性，很多时候，正是人们的“面子”支配和调节着人们的行为。以一个推销员为例，如果想提高自己的销售业绩，就必须要充分考虑对方的“面子”问题。不仅要美言相送，还要尊重对方的意见。

例如像“这你就错了”，“怎么这么简单的问题都听不懂”等话是千万不能说出口的。这不仅贬低了对方的想法，更伤害了对方的面子，挫伤了对方的自尊心。你可能觉得有时真的不能容忍对方的某个行为，但是再不能容忍也要“将心比心”地斟酌自己说的话是不是正确、妥当。对方面子上过不去，即使你说的再有道理，对方也不会再听下去了，说服自然以失败告终。而且这种失败，是最难挽回的一种。

有位年轻的女士，在某个国有商场购买的金首饰仅戴了一个星期便出现一层灰蒙蒙的雾。她非常生气，就跑到商店要求退货，并嚷道：“国有商场也卖劣质首饰，真是坑人，你个大骗子！”

负责销售这款首饰的售货员看到这位女士如此“怒火”，并没有生气，反而始终面带微笑，不与这位女士争吵。等到她的火气渐消时，才和颜悦色地询问详情：“请问你在哪儿工作？”

“我在化学试剂厂工作。”

“那你上班时戴首饰吗？”

“当然戴了！”

售货员马上明白了，她不紧不慢地告诉那位年轻女士：“现在我可以帮你恢复原状，以后上班时最好不要戴首饰，在试剂厂容易受到化学试剂的腐蚀。”然后，她就点燃酒精灯为顾客烘烤首饰，很快让它恢复了原状。

这位年轻的女士临别时不好意思地道歉：“真是不好意思，刚才是我太性急，还没搞清楚情况就……”

售货员说：“没关系，你的心情我们可以理解。”

有科学家曾对几千名推销员进行跟踪研究。他们通过大量的观察发现，优秀的售货员遭到顾客强烈反对的机会只是其他人的十分之一。为什么会出现如此大的反差呢？原因就是在于这些优秀的售货员往往能选择恰当的时机对顾客的异议提供满意的答复，也就是说他们懂得给顾客留面子。

一次，强尼先生因对方送货太迟，就向推销员大发脾气：“你这时候才送货来，还想收钱？我的老主顾都因为买不到你们的货着急，现在到其他地方去了。你们使我亏了多少钱，知不知道？”

这位聪明的推销员一看对方发火，就马上向对方道歉，且微笑着说：“强尼先生，是我们的错。我们的货送得太慢了，真对不起。别人因买不到我们的货而着急，就说明我们的货在您这里卖得很好。难怪你会不高兴，换成我也会发火，我很了解你现在的心情。”他说完这几句话后，就发现强尼先生不像先前那么生气了。

然后，才问对方：“请问我们这次到底送迟了多久呢？损失了多少钱？”等到对方怒气消失，脸色转晴后，他再请对方想一想，以前送货的情况怎么样，有没有耽误过时间。

强尼先生仔细想了一下，发觉对方每次都按时送货，只是这一次有点迟延，因此对于刚才发那么大的火，开始感到有点不好意思。

推销员就向顾客说明了这么两个意思，一是承认自己确实是送的慢了，二是这一次货送得慢，是因为制造商赶不出货，所以批发商才送的慢了。并且表示，以后绝对不会再发生同样的事情了。试想一下，这样的服务态度还有哪个顾客不满意呢？

这位顾客被说得心服口服，如果以后朋友要买这种货物，他肯定会帮朋友推荐这个厂商的，并可能还会找这个推销员帮忙呢。相反，推销员如果对顾客提出的不同意见直接反驳，则会引起顾客不快。

当别人不听解释的时候，我们立马采取否定的策略是不对的。如果真的抱着说服成功的美好愿望，那最好的做法就是：先承认自己的缺点，再慢慢告诉对方自己的方法可以有更多的优点来弥补这个缺点。对方听到这个，可能会变反对为同意了，起码不会有完全反对那样决绝的态度了。

有个家具推销员，向一位顾客推销木制家具。顾客听完介绍后，坚定地说："我对木制家具实在没兴趣，它们很容易变形的。"这位推销员马上跟着也肯定地说："你说的完全正确。与钢铁相比，木制家具的确容易发生变形。"

看到顾客没有离开的意思，他又接着说："我们制作家具的木板是经过特殊处理的，扭曲变形系数只有用精密仪器才能测得出来……"顾客明显没有那么反感了，表示愿意听下去。最终，这位技巧高明的推销员成功地说服顾客买了其木制家具。

这个例子中的推销员并没有直接反驳顾客的观点，而是给顾客留住面子，也消除顾客的疑虑。然后再慢慢地改变他的看法，认同自己的观点。

尤其对于推销员来说，要想取得很好的销售业绩，更要注重平等地对待每一个顾客。不仅不能以貌取人，还要更多地照顾每一个顾客的面子。因为每一个人都可能是你的潜在顾客。

在对人们最讨厌的推销员的调查中，"势利眼"遥遥排在榜首。生活中不乏有很多人看到打扮入时的顾客就笑脸相迎，热情恭维，而看到穿戴普通的人就爱答不理，甚至表现得很不耐烦。走入店中的大部分顾客可能都是不买你的东西的，但正是这大部分人却蕴藏着新的客户群体。失去了他们，也就失去了长久发展的动力。

关键时刻，要用事实说话

关键事实必须满足以下条件：真实、来源可靠、彻底驳倒对方。

关键事实一经得到承认，那么按照逻辑，辩论者只需得出结论，即证明对手的立场是错误的。如果对方继续坚持自己的观点，那么这证明他们已经失去理性，怀有偏见，而且不可理喻。

关键事实可能单个出现，也可能成组出现。比如说，英国某议员要反驳一个观点："外国移民拖累了我国经济"，那么关键事实应该是："国家统计局的数据显示，在过去的一年中，10%的国民总收入来自外国侨民的贡献"。为了使数据容易为听众所理解，他要马上补充道："这就意味着，他们每年给这个国家的每个男人、女人和孩子1600英镑"。他最好再列出一组关键事实："国外侨民为英国经济所做的贡献相当于七个北海油田之多"。并且再加上一笔："这些侨民向国库支付的税收比他们的索取要多得多，去年他们就多付了26亿英镑。"经过这组论述，听众可能并不相信这组事实的数据（尽管他们这么做没有什么理由），但只要他们真正接受了这些事实，他们就必须会得出结论：国外侨民并不是英国经济的负担。

面对那些态度中立、甚至怀有敌意的听众，你应该直截了当、毫不掩饰地使用关键事实。你要提醒听众，下面你将给出关键事实，并要求他们注意听好。你可以说"你们经常听说××，这是不对的。下面我就要反驳它，事实是这样的……××与事实相去甚远，实际情况并非是××"你要尽量重复"事实"这个词，它可以帮你赢得听众的尊重。"事实表明"比"统计数据表明”或“科学证明”来得更有效，而上述说法又远远优于“专家证实”。

但是，面对比较友好的听众应当在不知不觉中向他们灌输关键事实，等积累到一定程度，他们突然会意识到自己已经“中招”，这种做法的效果更佳。如果你的关键事实正在挑战听众的传统思维，那么上述方法就显得尤为有效。

如前所述，只有某个事实的结论具有必然性，这个事实才能成为关键事实。科学家始终在寻找这样的事实。甚至有人断言，科学理论的发展就是为了使普通事实转变为关键事实：溶液颜色变红，那么该溶液必然是酸性溶液。你很难找到如此绝对和完美的事实，很多时候，你不得不依靠一个有缺陷的事实。所谓有缺陷，是指它可以破坏对方的观点，但却无法完全将其摧毁。一个关于有缺陷事实的范例是，你针对对方的一般命题提出了单一性的反例作为回击。例如，你要反驳“女人永远不可能成为强有力的国家领导人”的观点。你可能脱口而出“玛格丽特·撒切尔夫人”。根据形式逻辑，这的确是一个关键事实（它的确推翻了这种普遍论调），但在日常生活中，它只能算是一个有缺陷的事实。因为对方仍然可以称撒切尔夫人为“例外”。如果你给出更多的反例，如甘地夫人、庇隆夫人以及武则天、凯瑟琳女皇、伊丽莎白一世、圣女贞德等，那么这一缺陷将越来越深，深到无法收拾的地步。

无论你所引用的事实是关键的还是有缺陷的，你都必须保证它是真实可信的。关键事实应该与辩论主题有关，而且要说明对方的真实观点，而不是你自己杜撰的观点。

第七章　有技巧地说“不”让人更服气

大多数时候，人们说“不”的次数远远大于说“是”的次数。这就对说服构成了极大的挑战，因为人们喜欢否定你的意见，坚持自己的看法。那么，我们就需要学习怎样将别人口中的“不”变成“是”的方法。如果你能在说服中一开始就让对方说“是”，然后引导他继续说“是”，最后不知不觉地把他引入你的结论，可以说，说服工作就已经成功了一大半。巧妙运用这一章所讲的方法，对说服别人是相当重要的。

不要等被逼无奈再说“不”

生活中的你，是不是常常有这样的经历：明明想对别人说“不”，却硬生生地把这个“不”字吞到肚子里去了，而违心地从嘴里蹦出来个“是”字？可是后来又越想越不对劲，心里说着“我其实当时应该拒绝他的”“这个忙我根本就帮不了”“我自己的事情都没有做完，怎么办”……于是你开始自责不已、悔不当初，最后一边为应承下来的事儿忙得焦头烂额，一边为自己的不懂得拒绝而深深懊恼。

不懂得拒绝的人，无论是面对上司的命令、顾客的要求、同事的请托以及工作中的任何突发状况，似乎都只能默默承受。因为他们觉得，如果自己说“不”，可能会面临一连串的麻烦：上司的不满、顾客的投诉、同事的怀恨在心……于是，为了维护自己的人脉，为了提升自己在同事间的口碑，为了让自己在工作上少一些阻碍，许多人在面对各式各样的请托和要求时，选择了接受，让自己陷入了如此难堪的局面。

只是，这样做正确吗？不妨看看以下案例再做判断。

张涛和李辉大学毕业后同时进入一家通信公司实习。这家公司可以说是全球无线通信行业的霸主，几乎在世界各地都有它的制造厂。能够进入这家公司，是莘莘学子的梦想，因此张涛和李辉两人都十分重视这次的实习机会。因为按照惯例，这家公司会从每一批实习的人员之中选择最优秀的一位留下来。

在进入这家公司之前，张涛便做足了准备。他觉得想要留在这家公司，上司的推荐和同事的口碑应该十分重要。因此，在进入这家公司之后，他为了笼络人心，对于所有同事都有求必应，诸如帮同事跑腿、帮经理助理打印……虽然常常因此把自己的工作做得不够好，但是他每次得到同事的赞美都觉得这样也值了。大家见这小伙子那么热心，便也逐渐不客气了：甲让他帮自己带早餐、乙请他帮忙接孩子……哪怕这些是与工作毫不相干的事情，张涛全都接受，毫无怨言。

而李辉却截然相反，有人请他帮忙的时候，他似乎总以自己的事情还没做完为借口推托，渐渐地，请他帮忙的人越来越少。因此，大家对张涛的评价越来越高。

三个月的实习时间很快结束了，转眼就到了宣布最终结果的时候。看着被叫进经理办公室的李辉，张涛暗自欣喜：“谁教你不注意人际关系，只顾着埋头做事。能留下来的人一定是我。”

半个小时后，李辉从经理办公室走出来，带着平静的表情开始收拾自己桌上的东西。张涛正准备上前安慰他一下，却猛然发现情况似乎有些不对劲。原来，李辉在收拾完自己的东西之后，并没有离开，而是把这些东西放在另一张配有电脑的办公桌上，而那张桌子，正是为留下来的那个人所准备的。

就在张涛愣神的时候，有人拍了拍他的肩膀，示意他到经理办公室去一趟。怀着惴惴不安的心情，他来到经理办公室。

“张涛，这三个月来，你的表现大家都看在眼里。你很热心，同事们对你的口碑很好。说实话，站在朋友的立场，我很想留你下来。可是，站在公司的角度考虑，我们需要的是能在工作上做出成绩的人。在这段时间里，我很遗憾地看到你的主要精力并没有放在本职工作上。所以，我只能祝福你在新的公司一切顺利……”

其实，很多人都会有过这样的经历。实际上，拒绝别人并不代表你对他不友善，也不代表你冷酷无情，没有人情味。不管对谁，只要你不想做或者违反原则，就有权利说不。否则，你的生活和工作会因此压力重重，这样会累坏自己的。

总之，要懂得在适当的时候说“不”，拒绝别人不一定是件坏事。如果你没有时间，没有能力帮助别人，那么拒绝别人的请求是你正确的选择。否则，问题拖下去只会越来越难解决。很多时候，正是因为你不懂得说“不”，才让自己陷入“被逼无奈”的窘境当中。更重要的是，这种草率的决定还会打乱自己的计划和安排，使自己的工作与生活陷入被动。长此以往，你将无法享受给予和付出所带来的真正快乐，正常的人际交往与互动都会沦为一种负累。

笼络人心对职场人士来说固然重要，但这并不代表我们在任何时候都不能拒绝。其实，根据实际情况，适当地对周遭的人说“不”，将更有助于自己顺利地完成本职工作，正如李辉那样，善于分辨什么是自己应该做的，拒绝那些对自己不利的干扰，这才是真正懂得工作的人所应具备的正确态度！喜剧大师卓别林曾经说过这样一句话：“学会说‘不’吧！那样，你的生活将会美好得多。”

从一开始就让对方说“是”

在你与他人的说服过程中，如果能一开始就让对方说“是”，说明这件事已经成功了一半。如果你能让对方连续说“是，你说的对”，那么这件事的成功就有了99%的把握。如果你还没有这样的把握，那就必须从现在开始改变你的谈话策略，设法让对方说“是”。

很多人只知道顺着自己的思路，不断强调自己的观点，以为口若悬河、对方在听就能证明自己说得好，对方就一定能接受。事实上，这是个很大的误解。只要没有得到对方认可性质的回答，就不能算是成功地说服。在你与他人的交流中，你必须一开始就设法让对方说“是”。“不”是最不好的开始，一旦对方说出“不”字，就意味着你的观点未被认可，如果对方连续说出几个“不”字的话，你就一定要趁早结束你的谈话，因为你的谈话并没有得到对方的欢迎。

日本著名心理学家多湖辉认为，要说服人，得从对方不得不回答“是”的问题开始，这样，他的自我防卫就会松懈，接下来的问题也会很容易回答出你想要的“是”。如果一开始就让对方回答“不”的问题，他的防备就会更加坚固，你也就无从下手了。

美国明尼苏达大学的马可·辛德和麦可·康尼汉做了一项实验。

他们随机打电话给30个人，问他们是否愿意回答公共服务机构的8个问题，结果有25个人同意。接着他们又打电话给另外32个人，问他们是否愿意回答50个问题，结果有24个人拒绝。

过了两天，他们以另一研究机构的身份，打电话给第一批愿意回答的人，问他们是否愿意回答30个问题，结果近70%的人表示愿意，接着又打电话给第二批拒绝回答的24个人，问他们是否愿意回答30个问题，结果，只有12%的人同意。

这项研究证明：开始说“是”的人，他就会继续说“是”，相反，开始说“不”的人，就会一直说“不”。

由此可见，一开始就让对方说“是”是多么重要。要说服人，就一定要有好的开头，一开始就让对方不得不点头称“是”，然后让他继续不断地说“是”，直到达到你的目的为止。

两个人谈话，如果一开头就比较投机，这样的谈话一般都会有好的结局。但是在初次见到某人的时候，你不见得能找到对方一定感兴趣的话题，碰壁是在所难免的，这时我们应该怎么办呢？

经过很多次的实验和考量，我们得出最好的办法就是，先肯定他的“不”，然后改变话题，或者改变谈话的策略。也就是说，先强调对方和你都赞同的部分话题，然后慢慢地在双方有分歧的部分中，再找出双方都可以接受的部分，如此往复，你就能缩短彼此的差距。接着，你就可以与对方商讨其实成功是最重要的，再说怎么会让对方成功就可以了。只有双方达成一致，才能使双方在合作中获利，达到双赢，这样你将最终获得说服的成功。

说服中，技巧可以掌握，但情绪往往很难让人琢磨。我们有很多的理由让对方说“是”，对方同样也可以有很多理由说“不”，而在这些理由中，最难挽回的一项恐怕就是双方发生冲突了。因此，在说服的过程中，如何控制好自己的情绪，非常重要。如果你的情绪运用和处理不当，往往会造成两败俱伤的结果，更不要说“双赢”的目的了。

所以，我们要在说服之前就预先准备一个缓冲机制，这个缓冲机制说白了就是我们对有可能引起冲突的谈话进行推脱和扭转，比如适当地保持沉默、说些柔化的语言，等等。这有助于我们管理自己的情绪，也控制对方的情绪，大大降低冲突发生的机会，也就不至于沦落到听对方说“不”的局面。

比如很多领导常会跟下属抱怨说，为什么经常上班迟到，不能每天按时到岗？下属如果这时直接跟领导说：“我已经来得很早了，可是这段时间修路堵车是没有办法的，您为什么不能体谅一下？”结果一定是领导感觉自己遭到了埋怨，难道迟到还有理？这时误会甚至是争吵都是有可能发生的。

下属这个时候可以先不做明确的反应，而是先跟领导承认错误，再说说自己的工作中其他的毛病，让领导觉得自己的提议被重视，而且你并不是没有上进心，最后再跟领导解释迟到的苦衷就万事大吉了。

拒绝是一种另类的说服

有些人天生害怕说“不”，害怕别人否认自己的能力，害怕驳了别人的面子。殊不知一味地接受只能使自己越来越麻烦，而一时的尴尬却可以换来永远的宁静，为什么不说“不”呢？

俄国十月革命前的某一天，植物育种家米丘林正在植物园里工作。忽然，他家里的人跑来说：“有位市长先生想要见见您。”米丘林头也不抬，仍在工作。家里人又大声地重复了一遍刚才的话。米丘林摆摆手。接近米丘林的人都知道，他是一个非常珍惜时间的人。在他眼里，一分一秒都是宝贵的。他常常把工具随时放在身边，为的是用的时候不必到处找，节省时间；他的手杖上有尺寸，为的是散步时也能测量树木的高矮，一物多用，节省时间。“您知道，这可是一位市长……”家里人强调说。“我一分钟都不愿意白白度过！”说完，米丘林又忙着去修理一棵果树了。

也许米丘林的“处世方式”值得商榷，但他珍惜时间的思想是非常值得借鉴的。而生活中有许多整天“瞎忙”的人，恰恰就是因为不懂得自己有权“拒绝别人”，不知道该如何说“不”。

英国作家毛姆在小说《啼笑皆非》中讲过这么一段耐人寻味的故事：一位小人物一举成为名作家，新朋老友纷纷向他道贺，成名前的门可罗雀同成名后的门庭若市形成了鲜明的对比。毛姆为我们描写了这样一个场面：

一位早已疏远的老朋友找上门来，向你道贺，怎么办呢？是接待他还是不接待他？按照本意，自己实在无心见他，因为一无共同语言，二来浪费时间；可是人家好心好意来看你，闭门不见似乎说不过去；于是只好见他了。见面后，对方又非得邀请你改日到他家去吃饭。尽管你内心一百个不乐意，但盛情难却，你不得不佯装愉悦地应允了。在饭桌上，尽管你没有叙旧之情，可是又怕冷场，于是又得强迫自己无话找话。这种窘迫相可想而知……来而不往非礼也，虽然你不再愿意同这位朋友打交道，但你还是不得不提出要回请朋友一顿。你还得苦心盘算：究竟请这位朋友到哪家饭店合适呢？去第一流的大酒店吧，你担心你的朋友会疑心你是要在他面前摆阔；找个二流的吧，你又担心朋友会觉得你过于吝啬……

春晚上曾有这样一个小品：一个人为了避免别人瞧不起自己，假装自己手眼通天，别人求他办事，不管有多大困难一概来者不拒。为了帮别人买两张卧铺票，不惜自己通宵排队，结果闹出了笑话。

也许艺术有所夸张，但生活中的确不乏与故事和小品中类似的人物。他们不善于拒绝别人，认为拒绝别人会伤害彼此友谊，于是经常违心地答应别人的要求，结果不仅浪费了大量时间，自己也经常觉得不自在。

学会拒绝别人，可以节省大量的时间，避免许多不必要的麻烦。

诚然，与人交往和帮助别人是重要的。尤其是主动的帮忙更会受到欢迎。但是，如果您是被某种心理的压力所迫，对一切都点头答应，实际上是在屈服于另一种性质的某些动机。懂得珍惜时间，就应该学会说“不”。这里就有必要提醒大家：当自己不是心甘情愿时，别害怕讲“不”字。那么在什么场合应该说“不”呢？现举出几例：

1. 当别人所期待的帮助是完全出于只考虑他个人利益的时候

假如一个朋友打算请您深夜开车送他到机场。而你确信他可以“打的”去，而如果你去送他，不但影响一夜睡眠，还会影响次日安排，你就要考虑拒绝。当然，如果他是顺路想搭你的车，只是要你等他几分钟的话，你就应尽力帮忙。

2. 当有人试图让您代替完成其分内工作时

偶尔为别人替一、两次班关系不大，如果形成习惯，别人就会对你产生依赖性，变成你义不容辞的义务。

3. 你准备晚上写点东西或做点家务，朋友却邀请你去打牌

如果是千里之外的朋友偶然来聚当然另当别论。

当然生活中的类似场合远不止列出的这些，总之，只要考虑到可能给自己带来某些不方便，就要考虑说“不”，除非因此会给别人带来更大的麻烦。

也许你会说：我何尝不想拒绝，但该怎样拒绝呢？以下有几个建议：

1. 立即答复，不要使对方对你抱有希望

要打消为避免直接拒绝而寻找脱身之计的念头。请不要说：“我再想想看”，或“我看看到时候行不行”等。明确地告诉对方：“实在抱歉，这是不行的。”

2. 如果您想避免生硬的拒绝，就提出一个反建议

假如朋友打电话问道：“今天晚上去跳舞吧！”你不想去，就可以说：“哎呀，今天晚上可不行，改日我邀请你吧。”

3. 不要以为每次都有必要说明理由

在很多时候，你只要简单地说一句：“我实在有更要紧的事要做。”就可得到绝大多数人的谅解。

只要我们充分认识到过多参与不必要应酬的危害，知道自己在什么情况下该拒绝别人，并且在拒绝的时候采取正确的方法，我们就能节省大量的时间，而且不至于因此而发生人际关系方面的问题。

含混不清的拒绝要不得

很多人，在拒绝别人的时候怕得罪别人而影响彼此的感情，总是喜欢含糊其词。听得懂的人自然还好，能够明白这是对方拒绝的说辞；没听懂的人，自然就会会错意，然后默默地等待着你的帮助。等到某天，见交代你这么久的事还未办妥，便又来，说起：“你上次帮我办的事，怎么这么久都还没办好呢”，这时你才错愕地回答他：“我什么时候说过帮你的忙？”……然后，这时把话说开，对方才领悟过来，你觉得自己很无辜，对方更多的却是埋怨，从此，两人关系便开始越走愈远。

虽然拒绝别人真的很为难，但是你要记住，滥用你的委婉，不明确地拒绝别人，只会给大家造成不必要的误会，让双方都受到损害。

小王和小张是一起长大的好朋友。但是小王从小就勤奋好学，所以一直念书念到了研究生毕业，工作后也是一帆风顺，现在已经是一家知名企业的部门经理。而小张呢，从小就调皮捣蛋，所以高中毕业便出去打工了。但是小张这人一直不长进，虽然在社会上混了那么多年，却也没混出个什么名堂。最近听说小王在某家大公司当经理，便想去谋个好职位。

小张找到小王说：“小王，看在我们俩这么多年交情的份上，这个忙你可得帮我啊。”

小王其实很为难，因为他们公司有规定，学历至少是本科以上，但是鉴于好朋友，他又不好直接推脱，只好回答：“这个事有点不好办。首先，你的学历不符合规定，难度比较大，何况招人的名额有限。不过，我会尽力争取，当然你不要抱太大希望。”

小张听小王这么说，只觉得可能是有点难，但是小王尽力的话，应该没问题，就没有多想，回家安安心心地等着上班。可是等了两个星期，也没有收到任何通知上班的邮件或者电话，小张再次找到小王：

“你上次说帮我的忙，怎么还没消息呢？”

小王很为难地说：“哥们，不是我不帮你，是真的不行啊，你也知道你的学历不符合我们公司的要求的，我实在无能为力啊。”

小张一听，生气地说道：“你帮不了就帮不了啊，直接给句痛快话呀！浪费了大半天工夫，早干吗去啦？”

就这样，小张和小王闹掰了，二十几年的交情也因此没了。

上述所讲到的结果当然我们每个人都不希望遇见。因此就需要我们在拒绝的时候，不要因为过于照顾对方的颜面，而把话说得模棱两可。大多数人都不好意思说出拒绝别人的话。然而很多时候对方提出的某些要求很过分，不是我们自己力所能及的。这就出现了如何拒绝他人的问题，因为硬撑着导致的结果更糟。

拒绝的时候态度一定要坚决。何谓坚决？就是明明白白地告诉对方，这件事自己无法做到，让他另请高明。

“对不起，我真的帮不上忙”和“这问题恐怕很难解决”相比，后者显然会给被拒绝者带来更大的想象空间。当我们试图用一种很婉转的态度拒绝别人时，通常不会收到太好的效果。因为模棱两可、暧昧不清的拒绝，并不会让对方丧失希望，正所谓希望越大，失望越大。与其让对方抱着不切实际的幻想空等，不如在最初便狠心拒绝，或许会帮助他找到更好的解决方法。

我们心里要明白，无论是坚决说“不”，还是委婉说“不”，最终要达到的目的都是相同的，即让对方知道自己的表态是决定性的，没有妥协余地。这种表态方法的差别仅限于语气上的软硬，而在话语的指向上需要准确无误。

总之，你的言语必须确实明白地表示出你自己的想法。很多事情虽一时能敷衍过去，但总有一天，当对方明白你以前所有的话都是托词时，就会对你产生很坏的印象。所以，与其如此，不如干脆一点儿，坦白一点儿，毫不含糊地讲“不”。

借“别人的意思”来拒绝

很多时候，拒绝的话总是让人难于启齿，甚至还要绞尽脑汁去想一些拐弯抹角的拒绝方式，既能把“不”字直接说出口，还能切断所有后路，让对方无法采取别的方式再来麻烦你。有时候，拒绝别人你可以不用这么费神，关键是你要懂得借用“别人的意思”。

一位和善的主妇说，巧妙拒绝的艺术使他一次又一次免受了推销人员的打扰。每当销售人员找上门来，她便彬彬有礼但态度坚决地说：“我丈夫不让我在家门口买任何东西。”这样，推销人员会因为被拒绝的并不仅仅是自己一个人而心理上得到了一点儿平衡，减少了被拒绝的不快。

人处在一个大的社会背景中，互相制约的因素很多，为什么不选择一个盾牌来挡一挡呢？比如说：有人求你办事，假如你是领导成员之一，你可以说，我们单位集体决定这些事情的，像刚才的事，需要大家讨论才能决定。不过，这件事恐怕很难通过，最好还是别抱什么希望，如果你实在要坚持的话，待大家讨论后再说，我个人说了不算数。比如，某单位一位职工找到车间主任要求调换工种，车间主任心里明白调不了，但他没有直接回答，而是说：“这个问题涉及好几个人，我个人决定不了。我把你的要求反映上去，让厂部讨论一下，过几天再答复你，好吗?”这就是巧借他人来表达你的拒绝，而且完全不会得罪人，并不是我不帮你的忙，而是我决定不了。对方听到这样的说服，自然也就知难而退了。

借“别人的意思”来表示拒绝的好处有：

1. 容易被人理解和接受；

2. 让对方觉得你很诚恳，自然不会再刁难你；

3. 表现出一种对决策的无权控制，从而全身而退。

我们在生活或者工作中，有时候会遇到朋友向我们提出一些我们无法做到的要求，但又不能直接拒绝，这时，我们就可以借别人的话来回绝朋友的要求。

张林在一家商场的电器部工作。一天，他的好朋友来买空调。把店里陈放的样品全部看完后，还觉得不满意，要求张林领他到仓库里去看看。张林面对好朋友，一时不知道该如何说“不”。忽然他灵机一动，笑着说：“前几天经理刚宣布过，不准任何顾客进仓库，我要带你进去了，我就可能被责罚。”

张林借他人之口拒绝了朋友的要求，尽管朋友心中不大高兴，但毕竟比直接听到“不行”的回答要舒服些，也减少了几分不快。

委婉的拒绝容易让人接受

说“不”因为是一种拒绝，所以要给人留下足够的面子。委婉一点儿可以把伤害减小到最低，不影响双方的关系。

1. 先表明态度

有的人对于要拒绝或是接受，在态度上常表现得暧昧不明，而造成对方一种期待。虽然想表示拒绝，却又讲不出口。

听别人几句甜言蜜语，就轻易地承诺下来的举动，也是自己态度不明确所造成的。

2. 要顾及对方的自尊

人都是有自尊心的，一个人有求于别人时，往往都带着惴惴不安的心理，如果一开始就说“不行”，势必会伤害对方的自尊心，使对方不安的心理急剧加速，失去平衡，引起强烈的反感，从而产生不良后果。因此，不宜一开口就说“不行”，应该尊重对方的愿望，先说关心、同情的话，然后再讲清实际情况，说明无法接受要求的理由。由于先说了那些让人听了产生共鸣的话，对方才能相信你所陈述的情况是真实的，相信你的拒绝是出于无奈，因而是可以理解的。

当拒绝别人时，不但要考虑到对方可能产生的反应，还要注意准确恰当地措辞。比如你拒聘某人时，如果悉数罗列他的缺点，会十分伤害他的自尊心。倒可以先称赞他的优点，然后再指出缺点，说明不得不这样处置的理由，对方也能更容易接受，甚至感激你。

3. 想办法缓和对方对“不”的抗拒感

虽然说“不”或“行”要明白表示，却也不是叫你毫无顾虑地就表示“要”或“不要”。语气强硬地说“不行”“没办法”，会伤害对方的自尊心，甚至遭来对方的怨恨。

对别人的要求要洗耳恭听，对自己不能答应的事要表示抱歉。体谅对方拼命工作的苦心……这些都是在你回答“不”之前所应思考的。尤其当要求的对方是上级时，说话更要留余地。

4. 自己态度一定要真诚

拒绝总是令人不快的。“委婉”的目的也无非是为了减轻双方、特别是对方的心理负担，并非玩弄“技巧”来捉弄对方。特别是上级、师长拒绝下级、晚辈的要求，不能盛气凌人，要以同情的态度，关切的口吻讲述理由，使之心服。在结束交谈时，要热情握手，热情相送，表示歉意。一次成功的拒绝，也可能为将来的重新握手、更深层次的交际播下希望的种子。

5. 降低对方对你的期望

大凡来求你办事的人，都是相信你能解决这个问题，抱有很高的期望值。一般地说，对你抱有期望越高，越是难以拒绝。在拒绝要求时，倘若多讲自己的长处，或过分夸耀自己，就会在无意中抬高了对方的期望，增大了拒绝的难度。如果适当地讲一讲自己的短处，就降低了对方的期望，在此基础上，抓住适当的机会多讲别人的长处，就能把对方求助目标自然地转移过去。这样不仅可以达到拒绝的目的，而且使被拒绝者因得到一个更好的归宿，由意外的成功所产生的愉快和欣慰心情，取代了原有的失望与烦恼。

6. 尽量使你的话温柔缓和

当你想拒绝对方时，可以连连发出敬语，使对方产生“可能被拒绝”的预感，形成对方对于“不”的心理准备。

谈判中拒绝对方，一定要讲究策略。婉转地拒绝，对方会心服口服；如果生硬地拒绝，对方则会产生不满，甚至怀恨、仇视你。所以，一定要记住，拒绝对方，尽量不要伤害对方的自尊心。要让对方明白，你的拒绝是出于不得已，并且感到很抱歉，很遗憾。尽量使你的拒绝温柔而缓和。

7. **让对方明白自己的处境**

一般来说一个人有事求别人帮忙时，总是希望别人能满足自己的要求，却往往不考虑给他人带来的麻烦和风险。如果实事求是地讲清利害关系和可能产生的不良后果，把对方也拉进来，共同承担风险，即让对方设身处地去判断，这样会使提出要求的人望而止步，放弃自己的要求。例如有个朋友想请长假外出经商，来找某医生开个肝炎的病历和报告单。对此作假行为，医院早已多次明令禁止，一经查实要严肃处理。于是该医生就婉转地把他的难处讲给朋友听，最后朋友说：

“我一时没想那么多，经你这么一说，我也觉得这个办法不行。”

由于共担可能出现的风险，对方就能由己及人地去想问题，体谅别人的难处。

在人际交往中，只要还有一线希望达到目的，谁也不愿意轻易地接受拒绝，究其原因是完美心理在起作用。俗话说：“不撞南墙不回头。”在拒绝别人的要求时，铁一样的事实摆在眼前，无论怎样坚持己见的人，也不得不放弃自己的要求。

不说“不”，照样拒人于千里之外

有些人不善于说“不”，但经常的练习会让你掌握说“不”的技巧。拒绝本身就是寻找借口，只要你的借口天衣无缝，被拒的对方定会毫无怨言。

1. 在别人提出要求前做好说“不”的准备

那些在别人不论提出多不合理的要求时很难说“不”的人，通常是由于以下一种或几种原因：

(1) 对自己的判断力缺乏自信，不知道什么是应该做的，什么是别人不该期望自己做的。

(2) 渴望讨别人喜欢，担心拒绝别人的请求会让人把自己看扁了。

(3) 对自己能成功地负起多少责任认识不清。

(4) 具有完善的道德标准。他们会为“拒绝帮助”别人而感到罪过。

(5) 觉得自己低人一等，因而把别人看成是能控制自己的“权威人士”。

然而，不论出于何种理由，这些不敢说“不”的人通常承认自己受感情所支配。不管过去的经历如何，他们从未在别人提出要求时有一个准备好的答复。

假如发现自己的拒绝是完全公平合理之时都很难启齿说“不”，那么请用以下这些方法帮助你自己：

(1) 在别人可能向你提出不能接受的要求之前做好准备。

(2) 把你的答复预先演习一遍，准备三至四套可使用的句子(例如：“对不起，我这几天对此只能说‘不’。”“我正忙得脚底朝天呢。”），自己大声练习几遍。

（3）当你说“不”时，别编造借口。如果你有理由拒绝而且想把理由告诉别人，是很好的。要简洁明了，一语中的。但你不必硬找理由。你有充分的权力说“不”。

（4）在说出“不”之后要坚持，假如举棋不定，别人会认为可以说服你改变主意。

（5）在说出“不”之后千万别有负罪感。

2．用推脱表示“不”

一位客人请求你替他换个房间，你可以说：“对不起，这得值班经理决定，他现在不在。”

你和妻子一块儿上街，妻子看到一件漂亮的连衣裙，很想买，你可以拍拍衣袋：“糟糕，我忘了带钱包。”

有人想找你谈话，你看看表：“对不起，我还要参加一个会，改天行吗？”

3．用沉默表示“不”

当别人问：“你喜欢阿兰德隆吗？”你心里并不喜欢，这时，你可以不表态，或者一笑置之，别人即会明白。

一位不大熟识的朋友邀请你参加晚会，送来请帖，你可以不予回复。它本身说明，你不愿参加这样的活动。

4．用拖延表示“不”

一位女友想和你约会。她在电话里问你：“今天晚上八点钟去跳舞，好吗？”你可以回答：“明天再约吧，到时候我给你去电话。”你的同事约你星期天去钓鱼，你不想去，可以这样回答：“其实我是个钓鱼迷，可自从成了家，星期天就被妻子没收啦！”

5．用回避表示“不”

你和朋友去看了一部拙劣的武打片，出影院后，朋友问：

“你觉得这部片子怎么样?”你可以回答:“我更喜欢抒情点的片子。”

你正发烧,但不想告诉朋友,以免引起担心。朋友关心地问:“你试试体温吗?”你说:“不要紧,今天天气不太好。”

6. 用反诘表示“不”

你和别人一起谈论国家大事。当对方问:“你是否认为物价增长过快?”你可以回答:“那么你认为增长太慢了吗?”

你的恋人问:“你讨厌我吗?”你可以回答:“你认为我讨厌你吗?”

7. 用客气表示“不”

当别人送礼品给你,而你又不能接受的情况下,你可以客气地回绝:一是说客气话;二是表示受宠若惊,不敢领受;三是强调对方留着它会有更多的用途等。

8. 用外交辞令说“不”

外交官们在遇到他们不想回答或不愿回答的问题时,总是用一句话来搪塞:“无可奉告。”生活中,当我们暂时无法说“是与不是”时,也可用这句话。

还有一句话可以用作搪塞:“天知道。”“事实会告诉你的。”“这个嘛,难说。”等。

9. 以友好、热情的方式说“不”

一位作家想同某教授交朋友。作家热情地说:“今晚我请你共进晚餐,你愿意吗?”不巧教授正忙于准备学术报告会的讲稿,实在抽不出时间。于是,他亲热地笑了笑,带着歉意说:“对你的邀请,我感到非常荣幸,可是我正忙于准备讲稿,实在无法脱身,十分抱歉!”他的拒绝是有礼貌而且愉快的,但又是那么干脆。

10. 避免只针对对方一人

某造纸厂的推销员上某单位推销纸张。推销员找到他熟悉的这个单位的总务处长，恳示他订货。总务处长彬彬有礼地说："实在对不起，我们单位已同某国营造纸厂签订了长期购买合同，单位规定再不向其他任何单位购买纸张了，我也应按照规定办。"因为总务处长讲的是任何单位，就不仅仅针对这个造纸厂了。

当我们羞于说"不"的时候，请恰当地运用上述方法吧。但是，在处理重大事务时，来不得半点含糊，应当明确说"不"。

第八章　说服不同的人，要用不同的逻辑

世界上没有两片完全相同的树叶，每个人都有自己的特点，同时也有着独特的心理和弱点，就像每把锁都有独一无二的锁芯一样。要说服一个人，就如同寻找打开这把锁的钥匙，靠的不是口才，而是洞悉他人心理的能力及说话逻辑。

说服陌生者：消除带给他的生疏感

不论在职场，还是生活中，说服高手都有这样一种体会：他人对你的信任往往决定了说服的成败。为什么呢？对方往往会因信任你、赏识你，而相信你说的话，也就是说，当你与别人建立起了信任关系，相应地，你的观点也更易于被接纳、包容。这也是一种很常见的说服逻辑。

所以，为了让陌生人尽快地接纳自己，听从自己的意见，需要做的第一件事就是，让对方马上感受到你的亲切态度。

许多名人以擅长记住对方的姓名而著称。不要说是记住宴会中宾客的姓名，就连十几年前只见过一面的普通人的姓名，都记得一清二楚。他们这种惊人的记忆力即可证明，他受人爱戴绝非偶然。

将初次见面的人的名字记住，并确实把握对方的职业和容貌，确有必要。作家三浦朱门第一次同多湖辉先生见面时，他当即拿出相机摄下多湖辉先生。作家的观察力敏锐，记忆力极强，他还是想办法记住每个人的名字。多湖辉在大学任教时，一个班级有 30 多个学生，他也用照相的办法记住他们的长相和姓名。这样，以后不论何时相遇，都能很快地叫出对方的姓名。对方必然会感到你很重视他，自然对你产生亲切感，当然也就为发展双方的友谊打下了良好基础。

当你第一次与陌生人见面时，如果对方因为紧张而张口结舌，不知所云，你应该将话题转到他的家人或个人兴趣等熟悉的话题上。因为现代人几乎一天，都处在紧张的状态中，因此，随意谈些日常生活的琐事，会有助于对方把心情放松下来。尽管每个人工作的性质不一样，但对于家人或个人兴趣方面的话题，却总是乐此不疲。因此，类似这样的话题，可以解除初次见面者的紧张感，而使人有一见如故的感觉。

不过，有些人只要用诚恳的态度和他交谈，他就会推心置腹地将心里的话都表达出来。

美国第16任总统林肯，曾经以一句“为人民而创造的政治”之名言，掌握住了民众的心。林肯总统在面对需要说服的场面时，都会说：“我在开始发表意见时，总会将彼此意见的共同点寻找出来。”林肯在他有名的奴隶解放演说中，最初30分钟，只叙述一些持反对态度者所赞同的意见，然后再将反对者，按自己的目标逐渐地拉到自己这边来。

林肯的说服方法，如果从潜在心理术来看，有两个要点，第一就是人往往在被别人压抑住本身的意见时，自己才发现真实的一面，而反过来完全地信赖对方。第二就是“自我发现”时，在主观上仍非常相信就是自己的意思，而事实上这往往是被说服者诱导出来的结果。

林肯运用这个技巧的秘诀，就是在演讲的前30分钟，先巧妙地软化敌人，也就是在一开始时就先强调敌我之间的共同点，引导对方使其接受。如果从一开始就强调对立的立场，彼此间的鸿沟就会愈来愈深，而演变成“如果你有那种想法，那我只好和你拼了”的局面。当对方有了这种心理状态时，你是绝对无法说服他的。

通常心理上的距离会反映在动作上。想要与对方建立亲密的关系而冒昧地去接近对方，有时反会引起对方的不快。就像动物都有自己的地盘一样，人也有所谓的安全区，一旦自己的地盘受到侵犯，就会产生戒心和不安感。尤其在初见面时，彼此完全都是陌生的，更会提高警觉，因此此时不能贸然靠近对方。

根据实验报告，要说服对方，双方的距离以四公尺半最为恰当。若再靠近些，由于彼此可以详细观察，产生不了压迫感，就难以达到说服的目的了。关于要如何说服对方，有许多不同的理论，但其中效果良好，而又最容易做到的，便是“保持距离”。

说服对方时，如果能采用简单明了的话，能使听的人产生明确的印象，而容易被接受。

日本有位著名的助选参谋饭岛清，素有“选举之神”的美称，许多候选人只要聘他做助选参谋，就一定会以高票当选。他曾经说过：“候选人如果懂得比喻的技巧，选举就会比较顺利！”并举出了两段话来做比较。

“最近物价一再上升，在这种动摇的世界经济之下，我曾经具体地去研究原因，以谋求流通机构的合理化。我要以最有效的措施为选民服务。”

“物价上涨的原因很多，就以黄瓜来说，是由中间商从很远的乡下买来，经过整理、装袋，才会到我们手里，因为中间要经过许多的商人。”

同样的说明流通机构，后者要比前者更容易懂。前者所使用的词句太抽象，写成文章也许还看得懂，但是用耳朵听，难免觉得莫名其妙；而且因为听不懂，就会产生不安，而不想接受。

至于后者，因为举出了黄瓜，听的人脑海中就能产生明确的形象，从而安心地听下去。当然饭岛清先生的意思，并非指每一件事都要比喻，而是说要想赢得人心，就必须使用浅显易懂的话，才容易使人接受。

与人初次见面时，彼此都会有点紧张。有的人想博取对方的好感，会使用平常不大说的句子，以免对方看不起自己。这是一种无意识的心理作用，一定要多加注意，不要说出太深奥难懂的话来。

要说服对方，首先应冷静听取他的意见，这是你说服对方的先决条件。认真听取之后，你再以“正如您所说的那样，不过……”的方式陈述己见。此时，你的言行已使对方产生错觉，认为你已接受了他的意见。因此，他对你的建议，也愿认真听取了。博得了对方对你的好感和信赖，问题便有可能圆满解决。

然而，你若不顾对方如何，只一味力陈自己的反对意见，要想说服对方几乎是不可能的。

多湖辉把第一种方法称之为“是……但是方式。”用这种方法去对付那些刚愎自用的上司，尤其有效。向这种人提反对意见，你先采取完全赞同的态度：“我认为正如部长所说……”然后再提出意见。这样，肯定不会招致反感。

然而，应当注意的是，用这种方法时，不能让赞同只停留在口头上。如果嘴里说着对部长的意见如何赞同，但却把极不耐烦地心思写在脸上，一旦被对方识破，前面的功课就白做了。所以，你应做到：沉着、冷静、不动声色。

说服自卑者：发自内心地认可他

自卑心理强的人往往有过高的自尊心，他们心理包袱很大，不能轻装前进。在另外一些时候，虚荣心督促你努力奋斗，可是一旦失败，你会比平常还要失望，你的内心所受打击也较之平常要大很多。

我们身边有不少自卑的人，大部分人的自卑情结都源于这两种情况。说服自卑的人走出眼前的困境，振作起精神，不需要高超语言艺术，更不需要声嘶力竭地鼓劲，而是需要遵循这样的逻辑：要发自内心地认可他，鼓励他，并提出更高的期待。

比如，一个孩子学习成绩差，比较自卑，老师说："你一定要努力学习，不然以后考不上好大学，找不到好工作。"这种说服方法有效吗？事实证明，没有效果，而且会激发孩子的逆反心理，他认为老师不相信他，在"歧视"他，认为他不行，那他就真的就没有学习的动力了。

如果换一种方式，这样和他讲："你的实力远远不止这些，你考的分数这样低，因为你没有用心，你有很大潜力，我相信你有更大的进步空间。"这样，可能会激发孩子的上进心，至少，老师是相信他的。

在生活工作中，面对自卑的人，你想说服他上进，有所改变，一定不要否定他的能力，以及他所做的一切，而要从他的身上找到闪光点，并进行放大，进而对他进行肯定、鼓励，这会从心理上帮他逐渐强大起来。

一位著名的相声演员，年轻时经历了失败，受的打击很大，于是便产生了放弃这一行业的念头。每当他垂头丧气地回到家，妻子便兴高采烈地对他说："你今天的节目表演得真是又有趣又好笑，将来一定可以成为一个著名的相声演员。"

在妻子的再三鼓励下，他又重新拾起了信心，更加努力地工作，终于成为全国著名的相声演员。

不论是大人还是小孩子，如果有人经常对他说"你真行""你真不错"，那么，他的自信心就会在不知不觉中增强，甚至会产生意想不到的结果，而这，将关系着他未来的发展方向。相反，如果有人经常对他说"你不行""你一定会失败"，他就可能真的觉得自己不行，也就失去了信心与斗志，将来也极有可能会失败。

因此，要想说服一个信心不足的人，让他相信自己行、自己一定可以把事情办好，在把事情交代给他时，最好先给他打剂强心针。比如，你可以说"别人我不知道，但我知道你肯定有办法，你一定可以把事情办好"，或者说"凭你的才能，一定可以把事情办得妥妥帖帖"，这样，就让他顿时觉得自己特别能干，也会发挥出更大的潜能，如你所望，把事情办好。

在说服别人做某事时，一定要给对方一定的信心，如果一开始你就对他的能力表示怀疑，那么，他就不会接受你的建议，即使接受了，也不会把事情办好。

说服自负者：正话反说，巧言激将

《三国演义》第四十四回写建安十三年秋，诸葛亮孤身至吴，贯彻“联吴抗曹”的战略，就是靠“移花接木”之术，妙言激将，巧服周瑜的。

晚上，鲁肃领着诸葛亮来见周瑜，周瑜出中门迎入，叙礼之后，分宾主坐下。鲁肃先开言对周瑜说：“现在曹操率领大军南侵。是和还是战，我们主公决定不下，说要听将军您的意见，不知道将军您是作何打算？”周瑜答道：“曹操以天子为名，其师不可拒。且其势大，未可轻敌。战则必败，降则易安。我意已决，来日见主公，便当遣使纳降。”不难看出，周瑜在这里是以诈言降曹的反话，挑拨诸葛亮，欲使诸葛亮来求自己。一向憨厚的鲁肃听周瑜如是说，感到大为惊异，立即驳斥说：“君言差矣！江东基业，已历三世，岂可一旦异于他之？伯符遗言，外事托付将军。今正欲仗将军保卫国家，为泰山之靠，奈何从懦夫之义耶？”诡谲的周瑜说：“江东大郡，生灵无限；若罹兵革之祸，必有归怨于我，因此才决计请降啊。”鲁肃急了，争辩说：“不对呀，以将军之英雄，东吴之险故，曹操是未必能够得志的。”他们二人互相争辩，诸葛亮听在耳里，早已胸有成竹，只是袖手冷笑。

看到诸葛亮不为所动，周瑜问道：“孔明先生笑什么呢？”诸葛亮答道：“我不笑别人，只是笑子敬不识时务。”一句话，把个老实的鲁肃弄得个丈二和尚摸不着头脑，问：“先生怎么反而笑我不识时务呢？”诸葛亮说：“公谨主意欲降曹，甚为合理。”为什么说合理呢？诸葛亮论证道：“曹操极善用兵，天下无人能挡。以往只有吕布、袁绍、袁术、刘表敢与他对敌。而今这些人都被曹操灭了，天下再没有人敢与他对敌了。只有刘备不识时务，硬与曹操抗衡，而今落得孤身江东，存亡未保。将军决计降曹，可以保妻子，可以全富贵，至于国家命运危亡，可以归之于天命嘛，有什么值得顾惜呢?”在这段话里，诸葛亮大贬周瑜，说他不敢与曹操对敌，不仅根本算不上英雄，而且是那种只知保妻子，全富贵，屈膝投降的小人。这一下，就使得周瑜难以忍受。但诸葛亮觉得还不够，又进而进言说：“我有一计，不用牵羊担酒、纳土献印，也不需亲自渡江，只需派一个使者，用扁舟送两个人到江上，操一得此二人，百万之众就会卸甲卷旗而退。”周瑜听到这，止不住问道：“用哪两人可退曹兵?”诸葛亮说：“我在隆中时，就听说曹操在漳河造了一个铜雀台，极其壮丽，广选天下美女以充实之，曹操本是好色之徒，早就听说江东乔公有两个女儿，大的叫大乔，小的叫小乔，有沉鱼落雁之容、闭月羞花之貌。曹操曾经发誓：‘我有两个愿望，一愿扫平四海，以成帝业；一愿得江东二乔，置之铜雀台，以乐晚年，虽死无憾矣!’今天曹操引百万之众，虎视江南，其实不过为此二女罢了。将军何不去寻乔公，以千金买此二女，差人送与曹操，曹操得此二女，必然称心如意，班师回朝。这是范蠡献西施之计，为什么不快点办呢?”周瑜问：“你说曹操想得二乔，有什么证据吗?”诸葛亮说：“曹操的小儿子曹植，字子建，下笔成文。曹操曾命其作赋，也即是名作《铜雀台赋》，赋中的意思，就是说他家合该为天子，立誓取二乔。该赋因文辞华美，我还能背诵：‘立双台于左右兮，有玉龙与金凤。揽二乔于东南兮，乐朝夕与之共。……愿斯台之永固兮，乐终古而未央!’”

一番话，说得周瑜勃然大怒，离座指北而骂道：“老贼欺我太甚!”诸葛亮却急忙站起来劝说道：“以前单于屡侵疆界，汉天子许以公主和亲，今何惜民间二女子呢?”周瑜说：“你不知道，大乔是孙伯符将军之妇，小乔就是我周瑜的妻子呀。”诸葛亮故意装作惶恐之状，说："我实在不知道，失口乱言，死罪死罪!"周瑜说："我与老贼誓不两立!"诸葛亮进一步激他说："事情须三思而行，免得后悔。"在诸葛亮的智激下，周瑜极其感奋，意志坚定起来，朗声发誓："我受孙伯符委托，哪有屈身降曹的道理？我早有北伐之心，虽刀斧加头，也不会改变志向。望你助我一臂之力，共破曹贼。"至此，诸葛亮采用移花接木之术，巧借谐音，将诗句中的"二桥"轻划在"二乔"身上，智激周瑜，达到了联吴抗曹的目的。

还是三国时期，曹操进攻樊城，刘备渡江退避，在当阳被曹军围攻打了败仗。诸葛亮打算说服孙权联合抗曹，他见孙权气概非凡，知道他是个十分自负的人，如果直接劝告，向他讨救兵孙权是不会答应的；由于双方没什么交情，哀求也不会有什么作用。于是诸葛亮打定主意，在孙权面前说曹军总共有150多万人马，兵多将广，劝说孙权不如赶快投降的好。孙权说："照你的说法，刘使君怎么不投降曹操呢?"诸葛亮答道："我们主公是当世英雄，人人佩服，即使时运不济，也断不会屈服于曹操。"孙权一听，认为诸葛亮瞧不起他，心中很生气，决心与曹操一决雌雄。后来赤壁之战，造成鼎足三分的局面。

诸葛亮劝说孙权用的是"反面激将法"。这种方法是在规劝说服时故意把任务说得十分困难（"曹操兵多将广"），暗示对方不能当此重任（劝孙权赶快降曹），或者说对方没有担负此项工作的能力（暗示孙权不如刘备），打算另选更有能力的人去干。这样，对方通常会激起承担这项任务的愿望，并决心干好。孙权就是在诸葛亮一席话的激励下，下定了抗曹的决心。

反面激将法之所以有效，是因为它激起了人的自尊心。心理学指出，希望受到别人的尊重是人的一种普遍的心理。人如果感到自己不被尊重，自尊心弱的人通常会消极悲观，丧失信心；自尊心强的人往往发愤图强，奋起抗争，以博得人们的尊重。你认为任务艰难，他偏说困难不大；你暗示他不能干，他说我能胜任；你说想另选能人，他却认为你瞧不起他，而毅然自荐。这都是维护自尊心的心理动因在起作用。“反面激将法”故意正话反说，激起人的自尊需要，巧妙地达到劝服目的。

运用这种方法，首先要了解劝说对象的心理特点。一般来说，自尊心比较强的人（如自负的孙权），任性、好感情用事，性格外向的人，对他们运用反面激将法一般容易奏效。对那些自尊心弱、敏感多疑、谨小慎微、性格内向的人，不宜运用此法。因为这些人往往会把反面的话视为奚落和嘲讽，从而导致情绪低落或产生反感、怨恨等消极心理。其次，运用反面激将法还要使对方感到你并不是出于一己的私利考虑，而是对他有利，或者使他能够显露才华，这样才能达到预定的目的。如果当时曹操不来攻打东吴，无论诸葛亮怎样激励，孙权也不会做出抗击曹军，维护自己势力的决定。

说服生气者：用巧语浇灭对方的怒火

一个人发怒时是最缺乏理智也最需要理解的时候，使用适当而又得体的语言就可以化解他们的怒火。

当一个人无法达到自己目的时，面对他人，他一定会设法表现，他可以大吵大叫、愠怒不语，或者假装受害者，或者用威胁与责备的方式来达到自己的目的。而我们既然已经做了所能做的一切，就自然会采取我们应该采取的办法来回敬他。

一般做法是，我们常回击他们对我们所做的描述。我们说："我不自私，你才自私。你怎么敢说我自私？我什么都替你做。那一次……"

另一种做法是，当他们痛苦的时候，我们努力弄懂他们的想法。我们说："请告诉我是怎么回事，我做了什么了？告诉我，我怎么做才能让你感觉好些？"

我们还经常努力争取他们的同意，希望他们不再因为我们而烦恼。我们说："如果我这么做让你感到这么不安，那么我可以改变计划、少去上一次课、不做那项工作、不去见那位朋友……"

我们也可能会试着解释说明，提出相对立的看法、赔礼道歉，想努力使他们从我们的观点看问题。我们说："你怎么就不能理智些呢？难道你不明白你犯了多大的错误吗？你所想的是荒谬的、疯狂的、不理智的、侮辱他人的。"

上面的这些情况在于它们是辩护性的反应，事实上不仅不会奏效，而且会加剧情绪紧张的程度。我们保护自己的努力等于火上浇油。

那么，如果对方的责备、威胁或者消极评价的火焰遇到了湿漉漉的地面，又会发生什么情况呢？如果你没有努力去改变对方，而是改变了自己的行动计划，那又怎么样呢？如果你以下面的话来回答他们所施加的压力，结果将会大不一样。

话术一：我很抱歉你感到不安。

话术二：我能理解你何以如此看待这个问题。

话术三：这很有意思。

话术四：真的吗？

话术五：叫喊、威胁、收回承诺以及哭叫都再也不起作用了，什么问题也解决不了。

话术六：等你冷静一下我们再谈。

话术七：你完全正确（尽管你并不是这个意思）。

这些话语是非辩护性交流的关键部分。记住这些语句，再添加些你自己的话。大声地重复这些话，直到听起来舒服为止。如果可能的话，和一位朋友一起练习。开始时，这些语句会让你感到尴尬。我们当中几乎没有人能以简短而不动感情的一两句话回答对方的连珠炮般的发问的经验。但这样做，对方的怒火就会熄灭很多。

说服寡言者：用悬念吊足他的欲望

何谓寡言者？

简而言之，就是话特别少，交流欲望也不强的人。这种人很少袒露自己的内心，在日常生活与工作中，不善与人沟通。所以说服这样的人，一定要学会找先撬开他们的嘴。

俗话说，一把钥匙开一把锁。一个沉默寡言的人，他的嘴就好像一把锁，并不是绝对打不开，只是在等一把对口的钥匙而已，而我们要做的，就是找到这把能开启话题、引发谈兴的钥匙。

在一家气氛浪漫的咖啡屋里，一对青年男女正进行一场相亲。女孩虽然相貌并不出众，但气质优雅，一双明眸神采奕奕。男子被深深地吸引，他很想和女孩聊天，可是，这位女孩不太喜欢说话，一直浅浅地低着头。

这位男子灵机一动，他突然冒出了一句话："你的爸爸……你的爸爸是不是当小偷的？"

在这么浪漫的场合，竟然说出这么无礼的话！女孩不由得惊讶地抬起头，带着一丝愤怒地回答道："不是啊！我爸爸……你是知道的，我爸爸是个医生啊！你为什么要说他是小偷啊！"

男子面带微笑，故意沉吟了一会儿，然后慢慢地说："那就奇怪了，如果……如果你爸爸不是当小偷的，那他又怎么能够到夜空里，将天上的星星偷偷摘下来，放在你的眼睛里呢？"

女孩听了这句话，不由羞怯地笑了，她不好意思地瞪了男子一眼，终于抬起头，跟这位男子开心地聊了起来。

我们常说"沉默是金"，但是，如果两个人正促膝而坐，那么其中一个人的沉默对另一个人来说绝不是金，而是夏日的火炉、冬日的冰，只会让人坐立难安，度日如年。要是没有人打破这种沉默，那会是相当折磨人的一件事。

“逢人且说三分话，未可全抛一片心。画虎画皮难画骨，知人知面不知心。”这是《增广贤文》中的一段话，说的是现实生活中，人心难测，千万不要见了谁都掏心掏肺的，要有所保留才行。有些人非常信奉这种观点，他们总是尽可能少地表露自己的想法与意图，尤其是对那些初次见面或者首度共事的人，更是要谨慎一些、提防一些，不能“竹筒倒豆子”一般将自己的真实心理与想法口无遮拦地和盘托出，以免给自己惹来麻烦，留下后患。在生活中，我们常常将这种类型人称为“闷葫芦”，他们遇人遇事，都不太喜欢说话，不太喜欢表达，总是藏着掖着，让人捉摸不透。

你不说话，我也不说话，大眼瞪小眼，沟通就会陷入冷场，肯定不利于说服。而如果只是一方滔滔不绝地说，另一方却缄口不言，那这也不是成功的沟通。只有采用具有悬念的话题，钓足对方的胃口，让“闷葫芦”开口说话，我们才有可能了解对方，并进一步说服对方。

小张是一位保险业务员，业务能力很强，不过最近碰到的客户严先生却让他相当头疼。小张之前与严先生接触过一次，他发现，这位严先生沉默寡言，是典型的闷葫芦，很难接近。两个人聊起天来，总是小张一个人在唱“独角戏”，严先生总是一副高深莫测、不置可否的样子，让人摸不透他的底细。小张打算今天再去碰碰运气，要是仍然不理想的话，那只能放弃这个客户了。

这回一见面，还是老样子，严先生礼貌地给小张递了一杯水，请他落座之后，就静静地坐在一边，等着小张开口。小张心里明白，像往常那样介绍保险的好处，即使自己说得天花乱坠，对方也会像往常一样毫无反应。于是，他没有谈保险，而是举起那杯水，问客户："严先生，我只想问您一个问题，您看，就我手里这杯水，我现在10元钱卖给您，您会买吗?"严先生愣了愣，见小张一脸正经，不像开玩笑，于是带着点不解摇头道："肯定不会，它不值那个价。"

小张并不解释，而是接着问："假如您三天没有喝水了，我拿着这杯水，100元卖给您，您会不会要呢?"严先生皱着眉头思考了一会儿，还是摇摇头。

小张又道："好的，那么假如您在沙漠里迷了路，走了六七天也没有找到一滴水，再不喝水生命就要受到威胁。这时候，我拿着这杯水到您面前，1000元卖给您，您会不会买下来?"严先生若有所思，似乎想通了什么，他认真地回答："要真是那样，这杯水我肯定是要买的。"

小张微笑着点点头，终于不再卖关子，他说道："其实，严先生，我想跟您聊的这个保险，就跟这杯水一样，您现在不需要它，所以10块钱卖给您您都不稀罕，但是一旦将来到了您真正需要它的时候，就算花几十倍甚至几百倍的钱都买不到了。我相信您是个深谋远虑的人，居安思危的道理您一定很理解。"

严先生沉思了好一会儿，小张没有再说话，而是给他充分的时间去思考。过了一会儿，严先生主动拿过小张带来的保险建议书，认真翻看了起来。最后，他真的按照小张的建议投了保。

故事中的严先生就是一个自我保护意识很强的人，他不会轻易袒露自己的思想，因为那样容易掉进别人设下的语言圈套。小张为了打破严先生的沉默，开场一句话也不提保险，反而围绕着一杯再普通不过的水来大做文章，让严先生看不透他的意图，勾起了他的好奇心，使得他开始不由自主地跟着小张的铺排走，并且渐渐地打开了话匣子。

说服逞能者：先把“对”都让给他

喜欢逞强好胜的人有一个特点，就是喜欢时刻将自己放在群体中与他人比较，他们的精力更多地放在“比”上，无法容忍自己被超越。这类人通常都比较焦虑，对他人认同的需求也比较多。而且，他们最大的弱点就是容易高估自己，低估对手的能力和事情的困难程度，也更容易去冒险。

在说服这类人时，一定要先把“对”全让给他，不要逞一时口舌之快。

因为说服的目的不是赢得一场辩论，而是让对方默认我们的观点，或是同意我们的要求。倘若只顾着在口头上与人决个胜负，只能加重对方的不满情绪。所以，在非原则问题上可以放弃防守，满足对方的“我是对的”心理，这时再来谈关键问题的时候，往往会收获意想不到的效果。

威廉·麦金莱是美国第 25 任总统。一天，几个人冲进麦金莱的办公室，向他提出一项抗议。为首的是一位议员，他怒气冲冲，开口就用难听的话咒骂总统。而麦金莱却显得异常平静。他知道，这些人是有备而来，现在做任何解释都会导致更激烈的争吵，这对于坚持自己的决定很不利。他一言不发，默默地听这些人叫嚷，任他们去发泄自己的怒气。直到这些人都说得精疲力竭了，他才用温和的口气问：“现在你们觉得好些吗？”

那个议员的脸立刻红了，总统平和而略带讥讽的态度使他觉得自己好像矮了一截，一时间，他觉得自己粗暴的指责根本站不住脚，而总统可能根本就没错。

后来，总统开始向他解释自己为什么要做那项决定，为什么不能更改。这位议员并没有完全听进去，因为他在心理上已经完全服从总统了。他回去报告交涉结果时，只是说："伙计们，我忘了总统所说的是些什么了，不过他是对的。"

麦金莱总统避开了针锋相对的争辩，在心理上打了一个胜仗，最终为实施自己的决议铺平了道路。

其实，在面对同一问题时，不同的人总会从不同的角度去考虑，人人都觉得自己是对的，想要改变这种想法几乎是不可能的。这时候，一味地争论只能白白耗费时间和精力，对于问题的解决没有任何意义。

即使你在争论中获得了胜利，把对方的论点攻击得千疮百孔，证明对方一无是处，可是那又怎么样呢？你洋洋得意，而对方的自尊心受到了严重的打击，他即使口头上认输，可是心中会越发地不服气，或许还会从其他地方和你找别扭，那时再想谈合作又谈何容易？

刘赫是一家公司的业务员，性子比较急，遇到与他意见不同的人，总是想和对方争个高低。因为经常爱和客户"讲道理"，所以业绩一直上不去。后来刘赫意识到：说服的客户越多，失去的客户也越多。所以，他决定要改变之前与客户打交道的方式。

有一次，刘赫与一位客户见面。之前他就听说，这位客户很难缠，说话一言堂，从来不服输。见面后，刘赫刚介绍完自己的公司，还没有介绍公司的产品，对方就说："你们的产品一点名气都没有，我一直在用外国公司的产品。他们的服务也很棒。"

这次，刘赫没有进行争辩，他谦虚地说："他们的产品的确不错，不但公司实力很强，业务员也很优秀，看得出来您很有眼光。"

顺着这个话题，他们进行了深入的交流。在这个过程中，客户称他在这个行业混了多少年，对这个行业又如何的了解，目的是想怔住刘赫：你可不要乱开价，我可是个十足的行内人。刘赫顺着他的话题谈价格，系统地介绍了公司产品的优势，以及公司的前景等。不管对方说什么，他的观点如何偏极，刘赫都不加辩驳。所以，场面很融洽。最后，客户经过性价比计算后，还是选择了他的产品。

当你与别人争论的时候，也许你的观点是绝对正确的，但在改变对方的态度上，你的正确不会给你任何帮助，矛盾永远不能用辩论停止。

虽然说真理是愈辩愈明的，但对于说服一个好胜心强的人来说，却是毫无帮助的。在生活中，像说服喜欢说教的父母、盛气凌人的上司、理直气壮的丈夫，以及爱唠叨的太太们时，一定不要强迫他们同意你的观点，而要学会把“对”让给他们。只有这样，他们才有可能对你心悦诚服。

说服挑刺者：文雅而有力予以反击

俗话说：投桃报李。别人敬你，你也得敬别人，别人不尊重你，你就得给他点颜色看看，消消他的气焰，警告他下次不要再如此愚蠢。

一次，诗人歌德到公园散步，不巧在一条仅容一人通过的小径上，碰见一位对他抱有成见并把他的作品批得一文不值的批评家。狭路相逢，四目相对。批评家傲慢地说："对一个傻瓜，我决不让路。"歌德面对辱骂，微微一笑道："我正好和你相反。"说完往路边一站。顿时，那位批评家的脸变得通红，进退不得。

显然，批评家的言行是粗野失礼的。然而，诗人既没有气极败坏地以谩骂反击，也不想吃哑巴亏，而是接过对方的话头，以礼貌的方式，给以巧妙反击。既教训了对方，维护了自己的尊严，又体现了高雅风度。这就是一种成功的反击形式——反唇相讥。这种反讥往往能抓住对方污辱性话题、机智地加以改造，运用具体丰富潜台词的话语，回敬给对方，简练而精巧，文雅且有力。显然，这是一种具有一定交际价值的以防卫为主旨的表达方式。其形式有：

1. 点睛式

就是针对对方的讥讽攻击之词，运用点睛之语，点明事物的本质、问题的要害，"拨乱反正"，使真相大白，将对方陷入不利境地。

苏联首任外交部部长莫洛托夫是一位贵族出身的外交家。在一次联大会上，英国工党一位外交官向他发难，说："你是贵族出身，我家祖辈是矿工，我们两个究竟谁能代表工人阶级呢？"

莫洛托夫面对挑衅，不慌不忙地说："对的，不过，我们两个都当了叛徒。"对方被驳得无言以对。在这里，莫洛托夫的高明之处在于他并不与对方在现象上纠缠，而是抓住实质问题，指出了各自都背叛了原来的阶级这一要害，画龙点睛，一语中的，使对方搬起石头打了自己的脚。

俄国学者罗蒙诺索夫生活简朴，不太讲究穿着。有一次有位注重衣着但不学无术的德国人，看到他衣袖肘部有一个破洞，就挖苦说："在这衣服的破洞里我看到了你的博学。"罗蒙诺索夫毫不客气地说："先生，从这里我却看到了另一个人的愚蠢。"对方借衣服破洞，小题大做贬低人，反映了他的无耻和恶劣的品格。罗蒙诺索夫则机敏地选择了与博学相对应的词语"愚蠢"，准确地回敬给对方，使嘲弄人者受到嘲弄。

上述事例的共同特点是：反讥者并不纠缠对方的不良动机和不实之词，而是以客观事实为依托，着力选用精辟、准确、内涵丰富的词语给以回击。从字面上看这些词语轻描淡写，仔细琢磨却"话中有话"，隐含着事实的本质和真相，对方一旦领悟已是猝不及防，只能败北了。

2. 作比式

有些人常常用不雅事物作比，讥讽、贬低别人的人格。如遇这种情况，你不妨采用同样的思路，以作比对作比，给以反击。

达尔文提出生物进化论后，赫胥黎竭力支持和宣传进化论，与宗教势力展开了激烈的论战。教会诅咒他为"达尔文的斗犬"。在伦敦的一次辩论会上，宗教头目看到赫胥黎步入会场，便骂道："当心，这只狗又来了！"赫胥黎轻蔑地答道："是啊，盗贼最害怕嗅觉灵敏的猎犬。"有力地回击了对手。在这里，双方都"作比"，然而，赫胥黎巧妙地把两个作比物联系起来运用"盗贼怕猎犬"这一人所共知的常理，暗示宗教头目与他的现实关系，从而戳穿了宗教头目的丑恶本质和害怕真理的面目。

俄罗斯著名作家克雷洛夫，身材肥胖，面色较黑。一天他在郊外散步，遇到两位花花公子，其中一位大笑着嘲讽道："你看，来了一朵乌云。"克雷洛夫答道："怪不得青蛙开始叫了！"那两个无礼之徒讨了个没趣，灰溜溜地走了。

用作比方式反讥，往往是利用事物间的"相克"关系，或相连关系，附会自己的思想感情，达到压倒对手，批驳对手的目的。若用得恰当能产生强烈的讽刺意味和反驳效果。

3. **引入式**

当对方蓄意制造出一种使人难堪窘迫的局面时，最好的解脱方法莫过于把对方引入这一局面之中，让其自食其果，作茧自缚。

一天，英国戏剧家萧伯纳正坐在沙发上沉思，坐在他旁边的美国金融家对他说："萧伯纳先生，如果您让我知道您正在思考什么的话，我愿意给您一美元。"

"啊，我的思考一美元也不值，"萧伯纳说，"我所思考的正是你。"金融家想以一美元来耍笑萧伯纳，萧伯纳"接过"这廉价的一美元，设计了一个圈套，把它与金融家串联起来，使金融家成为被戏弄的对象。

诗人海涅是犹太人，有一天，一位年轻学者对海涅说："你知道在塔希提岛上最引起我注意的是什么？在那岛上，既没有犹太人，又没有驴子！"海涅听了，冷静地答道："不过这种状况是可以改变的——要是我俩一起到塔希提岛上，那时情形将会怎样呢？"年轻学者面红耳赤，无言以对。这也是一种引入，把双方都引入其中，就会形成相反的局面。总之，不管哪种方式的引入，都是要使自己从对方制造的窘境中脱身，而把对方置于其中，让其自食其果。

说服傲慢者：学会由衷地赞美他

一个傲慢的人，同时也是一个心灵寂寞的人。一句看似不经意的赞美，最容易引起对方惺惺相惜的感情，是叩响傲慢之人心扉最好的敲门砖。

傲慢型的人，对自己自视甚高，对他人要求也甚高，所以总会产生一种曲高和寡，高处不胜寒的感觉。如果你入不了一个清高的人的“法眼”，那么，要想说服他是非常困难的。但是，这类人也是有弱点的，正因为其清高，所以，他们在审视别人的时候，总是带着居高临下的优越感，觉得普通人与自己比起来有着明显的落差。我们如果能够迎合对方的这一心态，一方面给对方以真诚的赞美，有意抬高对方的身段，另一方面稍稍来一点幽默的自贬，主动放低身段，在这一高一低、一赞一贬之间，对方会获得极大的心理满足，对我们的看法会大大改观，好感也会大大增强。

老李是一位经验丰富的企业培训师，最近，他所在的公司花大力气挖了一个名头很响的培训师回来。这位明星培训师陈军，四十出头，是剑桥的博士，曾经在好几家世界500强企业有过辉煌的履历，才华非常出众。但是，陈军也有一个毛病，他这个人很是傲慢，不是很乐意与其他同事打成一片。

有一次，为了相互切磋学习，老李和其他几位培训师一起去旁听陈军的讲课。听完课后，老李一出门，就忍不住跟一位同事讲道：“这个陈军果然名不虚传！别看他平时话不多，讲起课来可是句句说到点子上，从头到尾，一点虚的东西都没有，处处都是实用的！真是山外有山人外有人啊，原来觉得咱在这一行也算经验丰富了，今天才知道，我想要赶上陈军得靠开火箭啦!”

过了一会儿，陈军出了培训室，特意来到同事们中间，问大家对他的课有什么建议。不等老李说话，那位同事就心直口快地说：“陈军呀，你可真行，老李平常老吹牛说自己是公司最牛培训师，可今天听了你的课，他可服了，说你句句说到点子上，讲的都是实用的。他还说，他是开火箭也追不上你喽！陈军呀，你可是替我们出气啦!”

陈军听了这番话，知道这位同事是开老李的玩笑，但脸上还是浮现出笑意，郑重地对老李说了句“谢谢”！从这以后，陈军还是那个傲慢的陈军，但是对老李却热情了许多，老李则继续在陈军面前表达出由衷的敬佩和自愧不如。时间长了，老李和陈军成了好朋友。

老李之所以能得到陈军的青睐有加，就胜在他的那一番话。他一方面真诚而热烈地称赞陈军的授课能力，另一方面还不失风趣地自贬了一通，更进一步凸显了对陈军的钦佩。当然，最妙的是，老李的这一番话是由快嘴的同事说出来的，更显得真实，也更有诚意。因为有了这一通话，陈军才撇开了傲慢、清高的架子，对老李有了一些好感，之后还和老李成了朋友。

一个傲慢的人，多多少少都有一些值得清高、值得骄傲的“资本”。正因为有这样的“资本”，所以，他们比普通人更渴望得到欣赏，更渴望得到一位伯乐一般的知音。因而，与清高的人相处，我们要学会欣赏，学会发掘，学会赞美，做他们的伯乐，做他们的知音，这样才能很快地被他们接纳。

说服顽固者：要遵循以柔克刚的逻辑

说服顽固的人，即运用交际技巧说服对方放弃固执、愚蠢、鲁莽、不智的举动，一方面避免不理智行为可能造成的严重后果或损失，一方面也要令对方心服口服，使其自觉审视和放弃自己的举动。

在说服顽固者时，可以遵循以下两个方法：

1. 抓住要害劝阻

有时候，我们的真诚劝说之所以没有成功，多是因为我们没有抓住对方固执自己行动所给自己造成的危害。“打蛇打七寸”，抓住对方切身利益的损失，会使他的心弦受到颤动，促使他做深入思考，从而放弃自己消极的、错误的行动。

某剧场门前不许卖瓜子、花生之类的小食品，怕的是污染环境，影响市容。唯有一位年近六旬的老太太可以例外。用剧场管理员的话说就是：“这老太婆年岁大，嘴皮尖，人家叫她铁嘴，不好对付，只好睁只眼闭只眼。”某日，市里要检查卫生，剧场管理员小王要老太婆回避一下，说：“老太太，快把摊子挪走，今天这里不许卖东西。”“往天许卖，今天又不许卖，世道又变了吗?”“世道没有变，检查团要来了。”“检查团来了就不许卖东西？检查团来了还许不许吃饭?”“检查团来了，地皮不干净要罚款的。”小王加重了语气。“地皮不干净和我有什么关系，他肥肉吃多了拉肚子，能去罚卖肉的款吗?”小王无言以对，悻悻而退。管理自行车的老刘师傅随后走了过来，说道：“老嫂子，你这么一把年纪，没早没晚的，又能挣几个钱呢？检查团来了，真要罚你一笔，你还能打场官司不成?

再说，检查团不会天天来，饭可是要天天吃，生意可是要天天做的呐。”“嗯！姜还是老的辣。好，我走，我走。”老太婆边说边笑地把摊子挪走了。

本例中，两种劝说方式，一个失败，另一个却成功，这其中很有学问。管理员小王之所以劝阻不成反讨没趣，就因为他只是一味地讲抽象的大道理，却没有站在老太婆的角度上耐心地帮助她分析利弊。而老刘师傅就懂得这一点，他从老太婆的切身利益出发，向她指出了只考虑眼前的小利而不顾长远利益的不良后果，使她真正认识到了自己固执行为的不明智，于是心服口服地接受了规劝。

2. **通过故事类比**

以讲故事的方式劝阻他人是一种常见的劝阻技巧，这种技巧使劝阻行为变得含蓄生动，使我们不用再浪费太多的口舌就能够让对方明白较为复杂的道理。在使用此技巧时，一定要注意遴选恰当的事例，使故事主角所处的环境和所遭受的不幸能够与对方产生明显的对应关系，这样才能够启发对方，使其吸取教训，对自己类似的行动计划产生警醒。

孟子曾经就运用讲故事的方法劝服了齐宣王。孟子对齐宣王说：“有个臣子把妻室儿女托付给一位朋友照顾，自己游楚国去了。等他回来的时候，他的妻室儿女却在挨饿受冻。对待这样的朋友，应该怎么办呢?”

齐宣王说：“和他绝交。”

“假如管刑罚的长官不能管理他的下级，那该怎么办呢?”

“撤掉他的职务!”

“假如一个国家政治搞得很糟，那又该怎么办呢?”

齐宣王左右张望，无言以对，这才意识到自己落入孟子设下的圈套了。试想，如果孟子仅仅说：“国家治理不好，应该把你这个国王免掉!”齐宣王不但听不进去，还可能翻脸不认人。孟子采用类比法“诱敌深入”，等齐宣王明白了他的意图，已经无路可走，不得不听从他的劝告。

说服挑衅者：理智回应羞辱你的话

如果应对不好突如其来的羞辱，只能加重自己的羞辱。以冷静、理智的语言回应羞辱，可使对方自知理亏，不再继续。

公然直接羞辱人的言语不论怎样，都有一个共同点：说话的人很冲动，而且被逼得无话可说，你不可以被他的一句辱骂感染而变得像他一样失去理智。应付他的基本对策是保持冷静安详，这样才能够稳操胜算。下面列举几种对待侮辱性语言的方法：

1. "你说话之前应该先想想"

什么人说话之前不先想过呢？对方这样说，并不是真的提醒你去运用思想，而是指责你说了令他不悦的话。

在这种情况下，你可以试着选用下列方法应付：

（1）你把重点放在时间问题上："那么'以后'该怎样呢？"

（2）接受他的好意："好，我尽力而为就是。不过，我一向习惯在你说话之前先想。"

（3）采取幽默的态度，为他抱不平："可是我想了你不想，对你不是太不公平了吗？"或"我在这儿想，冷落了你，太失礼了。"

（4）报以微笑，然后默默不语，如果他不耐烦了，想再说什么，你就打断他："嘘……我正在想呀。"

2. "你父母是怎样教养你的？"

谈话之中突然牵扯到你的父母，这是最令人冒火的事，但是你千万别为父母受了指责而生气，对方与你父母无冤无仇，并不真打算侮辱他们，他的目标是惹你发火。

在这种情况下，你可以试着选用下列方法应付：

（1）装傻充愣。你说：“我是爷爷奶奶带大的。”

（2）侧面躲避。你默默想一会儿，再说：“我记不得了，恐怕得麻烦你自己去请问他们。”

（3）正面回击。可以做肯定的答复回敬他：“我只记得一点，那就是不可以问这样没礼貌的问题。”

3.“我不要跟你这种人讲话”

这样可恶的人决定不和你讲话，是你该觉得幸运的事，你就该坦白表示出来。

在这种情况下，你可以试着选用下列方法应付：

（1）“啊，太好了！”“真是老天有眼。”

（2）他这句话是对你讲的，你当然可以说：“哦？抱歉，我还以为你是在和我讲话。”

（3）对付这种无礼言辞的另一个方法就是假装没听见：“你说什么？”“你是说？”“我没听见，你再说一遍好吗？”不管他是否肯再说，都是他输了。假如他果真糊里糊涂再说一遍，你就以牙还牙：“抱歉，你这种人说的话我听不见。”

4.“你自以为是什么人？”

这样的话是要你对自我认识产生疑问——你为什么说出这种话？

在这种情况下，你可以试着选用下列方法应付：

（1）不要动怒，索性把他的话说清楚：“依你的意思，我要是某某人才够资格和你说话，是吗？”

（2）谦和一点，请教他：“我倒没想过这个问题，你常常自以为是什么人吗？”

（3）用开玩笑的方式：“我不大确定，不过我一定算是个人物吧，有不少人给我写信呢。”“现在吗？我自以为是受害者。”“不管是谁，反正是你没听过的人。”或者干脆指指旁边的人：

“我自以为是他，你再问问他自以为是谁。”

5. **“你少来这一套”**

这是不太重的话，即便是当众以不好的语气对你说了，你仍应该礼貌地答复。回答的方式不外乎一般客套：“不必客气。”“请笑纳。”

如果是你说的一句话惹怒了对方，而使他说出这样的话，你觉得他的怒意莫名其妙，你的话可以说重些：“本是你应得的，何必恭维！”